建築実務テキスト

建築プロデュース

中城康彦　著

市ケ谷出版社

はじめに

　本書は，建築物が時代の変化を受けながら生き永らえて，利用され，活かされることによって，社会に価値を与え続けることを念頭に，建築の専門家および不動産学を学ぶ人が，建築物に**長期的で**マクロに**関与**するためのテキストとして執筆しました。

　建築業にたずさわる人にとって，**土地**は近くて遠い存在と思われます。建築物を建てるためには土地が必要という意味で，極めて近い存在と理解する一方，緻密な工学的配慮を積み重ねて建築物を創り出す建築は，土地とは対極の存在と感じることでしょう。

　しかし，この発想は建築物のとらえ方として，**短期的**もしくはミクロです。建築物が不足していて新築することに社会的な期待が高かった時代には，建築の専門家は新築に専念することが社会的な使命でしたが，建築物の不足が解消された成熟社会では，建築物を**長期的**さらにはマクロにとらえる必要があります。

　圧倒的多数の建築物にとって，それが存在する意味は，新築することではなく，新築後に利用され，活かされることを通じて社会貢献することです。建物の劣化や経済社会の変容に対応しながら利用され続けるために，建築の専門家が長期的に関与することが求められています（**長期的な関わり**）。

　経済社会の変化が速く，かつ，大きくなることが確実なとき，建築物の存続期間中に，所有者以外が利用する所有と利用の分離や，所有者が代わることが不可避となります。所有と利用の分離は一般に，建物を**貸す**ことでもたらされ，建物賃貸借契約を結びます。また，所有者の交代は多くの場合，土地と建物を**売る**ことを意味し，土地建物売買契約を結びます。超高齢社会を迎えて需要が相対的に減退する中で，売買や賃貸を円滑に進めるためには土地と建物の魅力づくりが必要で，建築の専門家が**経済的・法律的な視点**をもってマクロに**関与**することが期待されています（**マクロな関わり**）。

　『建築プロデュース』の世界では，**総合的な教育**によって，多面的な能力をもつ人材の育成が求められています。**建築プロデューサー**は，建築の造り方と使い方を工夫して付加価値を生み出す方法を創案するとともに，それを実現する方法論を併せもつ，総合的で新たな人材です。

　建築や不動産に関わる多くの方々に本書を利用していただき，新たな時代の担い手となることを期待しています。

　令和元年9月

中城康彦

本書の利用の仕方

　建築プロデュースとは，**建築行為**の前提となる課題を解決する視点と同時に，建築後の**建築経営**の問題を解決する視点をもって両者を関連づけます。

　そのために必要となる**複合的な知識**は，建築の知識に加えて，権利に係る**法律**知識，価格や賃料に係る**経済**知識，運営管理にかかる**経営**知識が必要となります。

　総論は，複合的知識の基本となる部分を第1章～第3章でまとめました。

　第1章では，建築プロデュースの担い手になろうと考える建築学の学生や不動産などの実務家が効果的に目的に到達できるよう，建築プロデュースの要件をハードの知識（土地と建築）とソフトの知識（権利と価格）の**4つの要件**に整理し，その組合せの中から**5つの基本原則**を抽出して説明しています。基本原則はそれぞれシンプルなものですが，学際・業際をつないで導いたエッセンスです。不動産の実務家でも指摘されて初めて気づくことが多い論点で，これを理解することは建築プロデュースの「ツボ」をおさえることです。

　この視点で書かれた類書はほぼ存在せず，総論第1章だけでも新しい知見を修得できます。

　第2章では，建築プロジェクトの**担い手**を網羅しました。専門家の関わりの視点から建築プロジェクトを理解するとともに，将来の自己の立ち位置をイメージすることに有用です。

　第3章は，建築物と長期的でマクロに関わる場合に必要となる**不動産の法と制度**を概観しました。法律の書籍の解説はときに難解ですが，建築物のライフサイクルで起きる事象に限定し，できるだけ平易に説明しました。

　各論は第4章～第7章で，建築プロデュースを進める手順に従って，**基本構想の作成**（第4章），**価格評価**（第5章），**事業収支計画**（第6章），**投資分析**（第7章）を説明しています。

　各論では，各章とも**例題敷地**を用いて基本的な事項を説明するとともに，**演習敷地**を設定して知識の確認と応用力を養います。

　そして第8章では，建築プロデュースの4つの要件と5つの基本原則を集約する建築プロジェクトとして**共同ビル事業**を取り上げ，建築の造り方を工夫することによって，社会的に意味のある価値空間を実現する術を修得します。

建築プロデュース

目　　次

第Ⅰ編　総　　論

第1章　なぜ, 建築プロデュースなのか

第1節　建築プロデュースの4つの要件 … 2
- ・1　どうしてこうなったのだろう ……… 2
- ・2　土地所有者は深く考えている ……… 2
- ・3　建築の専門知識では解けない ……… 2
- ・4　建築プロデュースのすすめ ………… 3

第2節　一歩踏み出す5つの基本原則 … 5

第2章　建築プロジェクトの担い手

第1節　開発して賃貸する
　　　　建築プロジェクト ……………… 14
- ・1　賃貸型プロジェクトの手順を知る … 14
- （1）　土地を購入する（**14**）
- （2）　資金の融資を依頼する（**14**）
- （3）　建築の設計と監理を委託する（**15**）
- （4）　建築の工事を発注する（**15**）
- （5）　建物を賃貸する（**15**）
- （6）　建物を管理する（**15**）
- ・2　賃貸型プロジェクトの担い手 ……… 15
- （1）　土地の購入を支援する専門家（**15**）
- （2）　資金の融資を支援する専門家（**15**）
- （3）　建築の設計を担う専門家（**16**）
- （4）　建物工事の完成を支援する専門家（**17**）
- （5）　建物の賃貸を支援する専門家（**17**）
- （6）　建物の管理を支援する専門家（**17**）

第2節　開発して分譲する
　　　　建築プロジェクト ……………… 18
- ・1　分譲型プロジェクトの手順を知る … 18
- （1）　土地の購入から建物の工事まで（**18**）
- （2）　土地と建物を売却する（**18**）
- （3）　建物を管理する（**19**）
- ・2　分譲型プロジェクトの担い手 ……… 19
- （1）　建物の分譲を支援する専門家（**19**）
- （2）　建物の管理を支援する専門家（**20**）

第3節　建築のライフサイクルと
　　　　不動産業 …………………………… 21
- ・1　不動産業の業態 ………………………… 21
- ・2　建築のライフサイクルにわたる
　　建築経営 ……………………………… 21
- ・3　建築プロデュースに求められる
　　知識 …………………………………… 22

第3章　建築のライフサイクルに
　　　関わる不動産の法と制度

第1節　不動産の所有と利用 ………… 23
- ・1　不動産を所有する …………………… 23
- （1）　所有権の内容と制約（**23**）
- （2）　所有権を手に入れる（**26**）
- ・2　不動産を利用する …………………… 30
- （1）　所有と利用を組み合わせる（**30**）
- （2）　所有者が利用する（**32**）
- （3）　所有者以外が利用する（**33**）
- （4）　その他の用益権で利用する（**38**）

第2節　不動産の登記と取引 ………… 40
- ・1　不動産の登記簿を調べる …………… 40

(1) 不動産登記の仕組み（40）

(2) 登記の効果と限界（41）

(3) 借地権と借家権の対抗力（42）

(4) 登記簿の見方（43）

・2 不動産を取引する …………………43

(1) 不動産取引の権利と態様（43）

(2) 宅地建物取引業者の取引態様（44）

(3) 宅建業法で取引の安全を図る（45）

(4) 適切な取引の仕組みと制度（49）

第3節 不動産の価格と税金 …………53

・1 土地と建物の価格を推定する ………53

(1) 価格評価の方法を知る（53）

(2) 土地の価格と建物の価格（54）

・2 土地と建物の価格を調べる ………57

(1) 土地価格を調べる（57）

(2) 建物価格を調べる（60）

・3 税額を予測する …………………61

(1) 不動産にかかる税金（61）

(2) 相続にかかる税金（64）

(3) 税制の特例と賃貸住宅

の建設（66）

第4節 不動産の経営と管理 …………68

・1 不動産を経営する …………………68

(1) 借入金の条件（68）

(2) 抵当権を設定する（69）

(3) 資金調達方法の多様化（70）

・2 不動産を管理する …………………71

(1) 土地と建物を管理する（71）

(2) 他人に依頼する（72）

(3) 賃貸管理を委託する（73）

(4) 管理に関する法律と制度（75）

第Ⅱ編 各 論

第4章 基本構想を作成する

第1節 基本構想をつくるプロセス …78

・1 容積率制限による延べ面積の限度

を求める …………………………78

(1) 容積率（78）

(2) 都市計画法が規定する容積率

（指定容積率）（78）

(3) 建築基準法が規定する容積率

（基準容積率）（79）

(4) 延べ面積の限度

（例題4－1の解答）（79）

・2 事務所ビルの平面計画をつくる …80

(1) コアタイプ（80）

(2) 例題敷地の平面計画

（例題4－2の解答）（81）

・3 建築可能な建物の階数を判断する …82

(1) 高さ制限の内容（82）

(2) 建物の階高と高さ（83）

(3) 建築可能な階数

（例題4－3の解答）（84）

第2節 中小事務所ビルの外観が整わ

ない理由 …………………………85

・1 建築計画の教科書に出ない設計上

の制約 ……………………………85

・2 二方向避難 ………………………85

(1) 二以上の直通階段を設ける（85）

(2) 中小規模事務所ビルの例外規定

（85）

第3節 建築プロデュース：演習1

（基本構想）………………………87

・1 ケーススタディの対象敷地

（演習敷地）………………………87

目 次 v

・2　敷地ごとの基本構想 ……………………87
　(1)　敷地 X （87）
　(2)　敷地 Y （88）
　(3)　土地を一体化した敷地 XY （89）
　(4)　土地一体化による延べ面積等
　　　の変化 （89）

第5章　不動産の収益価格を評価する

第1節　不動産の価格を評価する
プロセス ……………………………93
・1　建物の賃貸条件を想定する ………93
　(1)　支払賃料と契約一時金 （93）
　(2)　契約一時金の性格 （94）
　(3)　契約一時金と実質賃料 （94）
　(4)　基本構想ビル全体の賃貸条件を
　　　決める （95）
　(5)　実質賃料で比較する
　　　（例題5—1の解答） （95）
・2　建物の純収益を想定する …………95
　(1)　純収益とはなにか （95）
　(2)　基本構想ビルの純収益を
　　　計算する （96）
　(3)　建物の仕様を価格に反映する
　　　（例題5—2の解答） （96）
・3　収益還元の方法を決定する ………97
　(1)　現在価値と将来価値 （97）
　(2)　収益価格を多面的に理解する （97）
　(3)　利用しやすい式を導く （98）
　(4)　収益還元の方法
　　　（例題5—3の解答） （99）

第2節　建物の一部分の価格を求める
必要性 ……………………………101
・1　不動産の所有と利用の方法が
高度化する ……………………………101
　(1)　1棟の建物を区分所有する （101）

　(2)　建物の一部を賃貸する （101）
　(3)　上空や地下を利用する権利を
　　　設定する （101）
・2　建物の一部分の価格の求め方 ……102
　(1)　建物の床価格 （102）
　(2)　区分所有権の価格を求める （102）
　(3)　事務所ビルの床価格の評価
　　　（例題5—4の解答） （103）
・3　空中や地下を利用する対価を
求める方法 ……………………………104
　(1)　空中権の価格 （104）
　(2)　地下を利用する権利の価格 （104）

第3節　建築プロデュース：演習2
（価格評価） ………………………105
・1　価格評価の方法 ………………………105
・2　基本構想に基づく敷地ごとの
不動産価格 ……………………………105
・3　基本構想に基づく敷地ごとの
土地価格 ………………………………106

第6章　事業収支計画を作成する

第1節　事業収支計画をつくる
プロセス …………………………107
・1　建物賃貸事業の概要を確認する ……107
　(1)　確認する項目 （107）
　(2)　事業スキームを確認する
　　　（例題6—1の解答） （109）
・2　プロジェクトの準備期間中に必要
となる費用 ……………………………109
　(1)　準備期間中に必要な費用項目 （109）
　(2)　準備期間中に必要な費用を
　　　求める （110）
　(3)　必要な資金を準備する （112）
　(4)　初期投資の費用項目
　　　（例題6—2の解答） （112）

・3 プロジェクトの運営期間中の
収入と費用 …………………112
(1) 経常収入の額を計算する（112）
(2) 経常収入の変動を想定する（113）
(3) 経常費用の額を計算する（114）
(4) 入居率と家賃変動率
（例題6—3の解答）（116）
・4 賃貸事業収支計画表の作成 ………117
(1) 収入（117）
(2) 支出（117）
(3) 収支（117）
(4) 備考（117）

第2節　賃貸事業収支計画表を
読み解く ………………………119
・1 収支計画を判定する指標 …………119
(1) 単年度黒字転換年（119）
(2) 借入金完済可能年（119）
(3) 投下資本回収年（119）
(4) 累積赤字解消年（119）
(5) 剰余金平均額（119）
(6) 資金ショートの発生（119）
・2 例題敷地の事業収支の健全性
の判断 ……………………………120
(1) 単年度黒字転換年（120）
(2) 借入金完済可能年（120）
(3) 投下資本回収年（120）
(4) 累積赤字解消年（120）
(5) その他の指標（120）
(6) 例題敷地の事業収支の健全性
（例題6—5の解答）（120）

第3節　建築プロデュース：演習3
（収支計画）………………121
・1 事業収支の計算方法 ………………121
・2 基本構想に基づく敷地ごとの
事業収支計画 …………………121

(1) 敷地X（121）
(2) 敷地Y（121）
(3) 敷地XY（121）

第7章　不動産投資を分析する

第1節　投資分析のプロセス …………123
・1 投資分析の基礎知識 ………………123
(1) 3つの要素を分析する（123）
(2) 自己資金の収益率を考える（123）
(3) 異なる事業手法を比較する（125）
(4) 減価償却と借入金の扱い
（例題7—1の解答）（125）
・2 DCF法で価格を求める ……………125
(1) DCF法の基礎を理解する（125）
(2) 不動産鑑定評価で用いる
DCF法（126）
(3) キャッシュフローの検討期間
（例題7—2の解答）（127）

第2節　DCF法を用いて投資分析する…128
・1 2つの分析法 ………………………128
(1) 正味現在価値法（128）
(2) 内部収益率法（128）
(3) 不動産鑑定評価と投資分析の
相違点（例題7—3の解答）（129）
・2 2つの分析法で計算する …………129
(1) 正味現在価値を計算する（130）
(2) 内部収益率を計算する（131）
(3) 関数を用いる場合の留意点
（例題7—4の解答）（131）

第3節　建築プロデュース：演習4
（投資分析）………………132
・1 投資分析の方法 ……………………132
・2 基本構想に基づく敷地ごとの
投資分析 ………………………132

（1）　敷地 X（132）
（2）　敷地 Y（132）
（3）　敷地 XY（132）
（4）　まとめ（132）

第8章　権利変換計画を作成する

第1節　権利変換を計画する
プロセス …………………134
・1　権利変換の方法を決める …………134
（1）場所が先か価格が先か（134）
（2）　土地建物価格か土地価格か（135）
・2　土地建物価格で権利変換する ……135
（1）　取得する場所を先に決める
方法（135）
（2）　取得する価格や価格割合を先に
決める方法（例題8─1の解答）（135）
（3）　二つの方法の比較（136）
・3　土地価格で権利変換する …………136
（1）　各階の土地価格を求める（136）
（2）　取得する場所を先に決める
方法（138）
（3）　取得する価格や価格割合を決める
方法（例題8─2の解答）（138）
（4）　二つの方法の比較（138）

第2節　建築プロジェクトに提供する
土地価格 ………………139

・1　利用区分によって土地価格が
変わる ……………………139
（1）　隣地を併合する～悪い条件が
解消する（139）
（2）　隣地を併合する～良い条件が
拡大する（140）
・2　併合を前提とした土地価格 ………140
（1）　増分価値の配分（140）
（2）　配分の方法（140）
（3）　隣地を高く買うことの経済合理性
（例題8─3の解答）（141）

第3節　建築プロデュース：演習5
（権利変換）………………142
・1　ケーススタディ ………………142
（1）　権利変換のルール（142）
（2）　建築プロジェクトに提供する
土地価格（142）
（3）　完成後の建物の立体的な
土地価格（142）
（4）　土地価格による権利変換（142）
（5）　権利変換計画図（143）
・2　建築プロデュースのすすめ
～まとめ～……………………… 145

索引………………………………… 147

付録　用語解説……………………… 151

第Ⅰ編　総　　　論

◆建築知識と不動産知識の融合はなぜ必要なのか？
◆不動産の基礎知識を習得！

第1章　なぜ，建築プロデュースなのか

第1節　建築プロデュースの4つの要件

1・1　どうしてこうなったのだろう

　土地の高度利用が求められる都心部で，図1・1のような**ちぐはぐな景観**を見ることがある。中央の2棟は，同時期に同じ建築設計事務所によって設計されている。美的感覚に鋭いはずの建築家が，このように美しいとはいえない街並みを生み出すことになったのは，どうしてだろうか。

　2棟のうち，右側のビルは2階建てであるが，この建物が建つ東京都では，建築基準法の**接道義務**[1]に対して制限を付加し，間口4m未満の敷地には原則として2階建てまでしか建築できなかった。

図1・1　敷地ごとの最有効使用建物

戦禍を免れたこの地域には，間口の長さに応じて固定資産税がかけられていた古い時代の名残りがあり，高度商業地となっても狭い間口の土地が残っている。この土地もその例で，間口が2間（けん）（3.6m）のため，2階建てしか建築できなかったのである。

1・2　土地所有者は深く考えている

　このような状況のもと，右側の敷地（以下，「敷地X」という。）の所有者Xと隣接する左側のビルの敷地（以下，「敷地Y」という。）の所有者Yの二人は，建築の専門家である建築設計事務所を訪れ，次の依頼をした。

① 敷地Xで2階しか建てられないのはもったいない。Yが協力して，2人の土地を一体化した1つの敷地として1棟の**共同ビル**を建てたいので，建築設計をしてほしい。

② 敷地Xの上には，敷地X単独では建てられない階数の建物が建つことになるが，その背景にはYの協力がある。共同ビルを分け合う際に，Yの協力をどのように反映すればよいか。XとYの**衡平**を図る方法を教えてほしい。

1・3　建築の専門知識では解けない

　以上に対し，建築の専門家は設計として1・2の①を提案する能力はあるが，一方，それを実現するために不可欠となる②を解決する能力

---

[1]　巻末151ページで別途に用語解説をする。

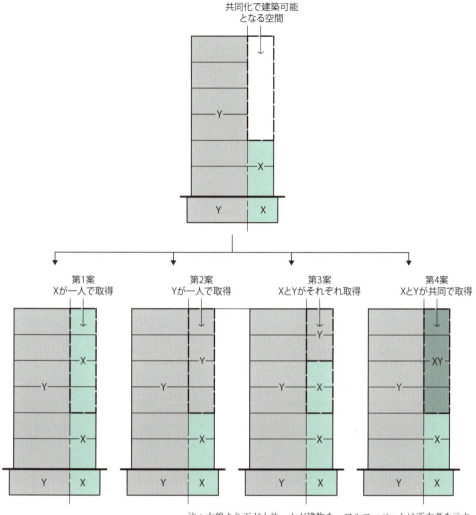

注：太線より下が土地，上が建物を，アルファベットは所有者を示す。
図1・2　建築可能となる空間の取得方法の想定

を持ち合わせていなかった。このため共同ビル計画は頓挫し，所有するそれぞれの土地に図1・1のような**単独のビル**を建築することになった。

土地所有者は，資産のポテンシャルを最大限に活かすことなく，**細分化された土地**がそのまま再利用され，都市にはちぐはぐな景観が生まれてしまった。社会的にみても土地資源が有効利用されたとはいえず，建替えという都市再生のチャンスを無為にしてしまったのである。

1・4　建築プロデュースのすすめ

XとYが希望する土地利用を実現できる方法を考えてみよう。

図1・2の上の図が，共同化で建築可能となる空間を示している。ここでは，新たに4階分が建築可能となると想定する。

第1案は，建築可能空間をXがすべて取得する考え方で，Yの貢献が反映されていない点が問題である。

第2案は，建築可能空間をYがすべて取得する考え方で，Xに利益がない点が問題である。

第3案は，建築可能空間をXとYがそれぞれ所有する考え方である。ここでは，それぞれ2階分を取得することが衡平なのか検討する必要がある。

第4案は，建築可能空間をXとYが共同で所有する考え方で，XとYの**適切な権利割合**を決定する必要がある。

また，第2案，第3案，第4案共通して，Xの所有地上にYが所有する建物が存在するという問題があり，これを解決する必要がある。

ここでは，4通りの所有方法を想定した。このうちどれが最も適切だろうか。または，どれも適切とはいえないのだろうか。これらの問題は，本書を読み進めることで，**最適解を導く**ことが可能となる。

今の段階では，図1・2の第1案から第4案は，共同ビル実現のための「仮説」であるが，いずれの場合も，共同化によって建築可能となる**空間の権利**と**価格の知識**が必要となることがわかる。土地と建物，権利（法律）と価格（経済）の知識を併せもつことが，「仮説」を「立証」するために必要不可欠で，これが**建築プロデュースの4つの要件**である（図1・3）。

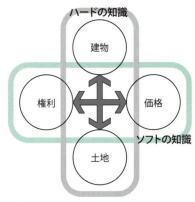

図1・3 建築プロデュースの4つの要件

第2節　一歩踏み出す5つの基本原則

建築プロデュースの4つの要件には、さまざまな段階があるが、最も基本となる5つの基本原則を理解して、一歩前に踏み出そう。

> ○**基本原則1（土地・建物所有の原則）**
> 日本では、土地と建物のそれぞれに所有権がある。

図1・4に示すとおり、日本では、土地と建物それぞれに所有権が認められて誰かが所有する。これに対して、英米法では、建物には単独の所有権はなく、土地所有権に含まれる（図1・5）。

図1・2では、土地と建物の所有権をXとYのいずれか、または、両者でもつことを想定しているので、この限りにおいて妥当といえる。

> ○**基本原則2（敷地利用権の原則）**
> 建物を所有するためには、土地を利用する権利が必要である。

建物は土地を利用して建てられるが、図1・6のように、勝手に他人の土地（A）に建物（B）を建てることはできない。土地を利用する権利は一般に土地所有権で、図1・2の第2案から第4案では、Xが所有する土地上にYが建物を所有することになり、この限りにおいて適切とはいえない。

図1・4　日本の所有権

図1・5　英米法の所有権

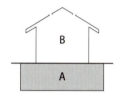
図1・6　不当な土地利用の可能性

【例題1－1】
日本では、土地の所有者と建物の所有者が異なることを認めています。土地所有者と建物所有者が異なる場合に、どのようなことが問題になりますか。（関連：基本原則1，基本原則2）

（解答 p.6）

日本の法制度では、土地と建物それぞれに所有権を認めている。土地所有者と建物所有者が同じことが多いが（図1・7）、土地をAが所有し、建物をBが所有することも認められている。この場合は、建物は他人の土地を利用し、その土地の上に建てているので、他人の土地を利用する敷地利用権が必要となる。

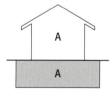
図1・7　土地と建物の所有関係－1

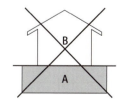
図1・8　土地と建物の所有関係－2

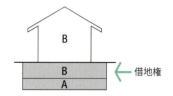
図1・9　土地と建物の所有関係－3

言い換えると，全く権利のないBが勝手にA所有の土地に建物を建てることは認められないのである[2]（図1・8）。

Aが所有する土地の上にBが建物を建てるためには，Aが土地を貸し，Bがその土地を借りて建物を建てるという合意が，AとBの間であることが前提となる。

建物を所有するために土地を借りて使う権利を借地権という。土地所有者と建物所有者が異なる場合は，敷地利用権として借地権が必要となる[3]。

図1・8のように，土地所有者をA，建物所有者をBと表示すると，権利のないBが勝手に土地を利用している不法状態なのか，合意に基づく借地権が存在するのかが不明である。建築プロデュースでは，両者を判然と区別することが重要であるので，図1・8のような不完全な表記はすべきではない。図中の×印はそれを意味している[4]。

土地所有者と建物所有者が異なる場合の留意点は，以下のとおりである。

1. 借地権を表示する

借地権がある場合は，必ず借地権を表記する（図1・9）。**借地権者は建物所有者と同じ**である。借地権がある場合は，借地権に価格が発生し土地所有権の価格が安くなる，土地所有者はその土地を使うことはできない，土地所有権の売却が困難になるなど，不動産の利用や価格に大きな影響を及ぼす。

2. 借地権の存在を推定する（例題1—1の解答）

土地所有者と建物所有者が異なる場合は，建物所有者を権利者とする借地権が存在する可能性が高くなる。借地権が存在することを推定したうえで確認することが必要となる。

3. 建築プロデュースと借地権

なお，建築プロデュースでは，借地権を厄介なものと考えるのではなく，事業を組み立てるための手段として用いることも少なくない。そのために，借地権の正しい理解が**建築プロデュースの幅を広げる**ことになる。

○**基本原則3（建物価格の原則）**

建築費は，建物内の位置にかかわらず一定（同額）である，一方，建物の価格は建物内の位置によって異なる。

建築費は建築物を建てるための費用で，仕様が同じならば工事費は同じであるが，完成した建物から得られる収入，たとえば，店舗ビルの売上げや賃貸ビルの家賃は階によって異なる。

完成した建物は，土地を使い，土地の上に建っているから，そこで得られる収益は土地と建物から得られる収益である。価格は収益性に影響を受けるので，完成後の建物の価格（正確には土地と建物の価格）は，建物内のどの部分にあるかによって異なる。

店舗ビルであれば一般に収益性が高い1階の価格が高くなり，分譲マンションでは場所によって価格が異なることはよく知られている。

図1・2の第3案では，XとYは同じ広さを取得しているが，取得する価格が同じとは限らないのである。

---

2) 不法行為であり，弁護士に相談することになる。
3) 使用借権等，借地権以外の土地の利用権については，38ページで別途，用語解説する。
4) 以下，図1・8のような状況を"あってはいけない状態"という。

【例題1−2】

分譲マンションでは階により，また，同一階でも向きにより価格が異なります。分譲マンションの住戸の価格の求め方を説明してください。（関連：基本原則3）　　　　　（解答 p. 8）

○設定条件

1) 分譲収入目標（総事業費）
　・1,000,000 円
2) 各階の住戸面積と住戸配置のイメージ
　・図1・10のとおり
3) 階ごとの分譲単価の差（階層別効用比率）
　・表1・1のとおり（10階建て）
4) 同一階の分譲単価の差（位置別効用比率）
　・表1・2のとおり（各階とも同じ）

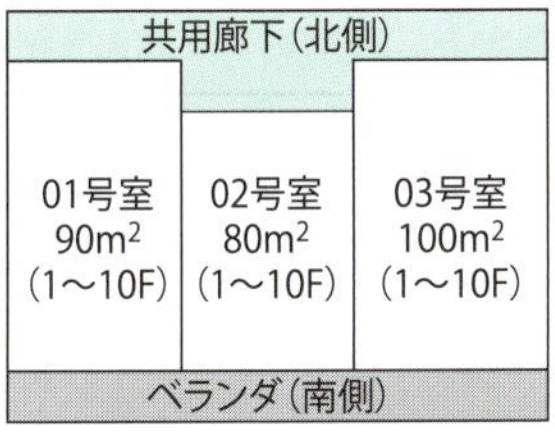

共用廊下（北側）

| 01号室 90m² (1〜10F) | 02号室 80m² (1〜10F) | 03号室 100m² (1〜10F) |

ベランダ（南側）

注：エレベーター，階段等は省略

図1・10　住戸配置

分譲マンションでは，階ごとに分譲単価が異なることはよく知られている。基準となる階の分譲単価を100として，他の階の分譲単価を指数で示したものを階層別効用比率という。

新しく分譲するマンションの価格を決める際には，周辺の類似のマンションの取引価格を参考に，たとえば表1・1のように，階層別効用比率を算定する。

表1・1　階層別効用比率

階	階層別効用比率
10 階	115
9 階	112
8 階	111
7 階	110
6 階	109
5 階	108
4 階	107
3 階	106
2 階	105
1 階	100

分譲マンションの分譲価格は，同じ階でも向きや眺望などによって違いがある。基準となる住戸の分譲単価を100として，他の住戸の分譲単価を指数で示したものを位置別効用比率という。表1・2では，中間住戸の02号室を100として，3方向に開口部を取ることができる妻側住戸のうち，西側住戸（01号室）を105，東側住戸（03号室）を110としている。

表1・2　位置別効用比率

号室	01号室	02号室	03号室
位置別効用比率	105	100	110

以上の基礎データが整ったところで，分譲収入目標を各住戸の価格に割り振る。分譲収入目標は，ディベロッパーの利益を含めた総事業費ということもできる。総事業費を各住戸に割り振る手順は以下のとおりである。

1. 階層別位置別効用積数を求める

各住戸について，その住戸の住戸面積（専有面積）に階層別効用比率と位置別効用比率を掛けて階層別位置別効用積数を求める（表1・3）。階層別位置別効用積数は，各住戸の広さ（量）に各住戸の効用（質）を掛けたもので，住戸の「質量」，つまり価値を示している。

2. 階層別位置別効用積数割合を求める

表1・3で求めた階層別位置別効用積数の合計 30,811,350 を 1.00000 として，各住戸の効用積数が積数の合計に占める割合を求める（表1・4）。この割合を階層別位置別効用積数割合といい，建物全体の価値に占める各住戸の価値の割合を示す。

3. 住戸価格を求める（例題1−2の解答）

次に，分譲収入目標（総事業費）に階層別位

表1・3　各住戸の階層別位置別効用積数

階	01号室	02号室	03号室	計
10	1,086,750	920,000	1,265,000	3,271,750
9	1,058,400	896,000	1,232,000	3,186,400
8	1,048,950	888,000	1,221,000	3,157,950
7	1,039,500	880,000	1,210,000	3,129,500
6	1,030,050	872,000	1,199,000	3,101,050
5	1,020,600	864,000	1,188,000	3,072,600
4	1,011,150	856,000	1,177,000	3,044,150
3	1,001,700	848,000	1,166,000	3,015,700
2	992,250	840,000	1,155,000	2,987,250
1	945,000	800,000	1,100,000	2,845,000
計	10,234,350	8,664,000	11,913,000	30,811,350

表1・4　各住戸の階層別位置別効用積数割合[7]

階	01号室	02号室	03号室	計
10	0.03527	0.02986	0.04106	0.10619
9	0.03435	0.02908	0.03999	0.10342
8	0.03404	0.02882	0.03963	0.10249
7	0.03374	0.02856	0.03927	0.10157
6	0.03343	0.02830	0.03891	0.10064
5	0.03312	0.02804	0.03856	0.09972
4	0.03282	0.02778	0.03820	0.09880
3	0.03251	0.02752	0.03784	0.09787
2	0.03220	0.02726	0.03749	0.09695
1	0.03067	0.02596	0.03570	0.09233
計	0.33215	0.28118	0.38665	1.00000

表1・5　各住戸の価格[7]

階	01号室	02号室	03号室	計
10	35,270	29,860	41,060	106,190
9	34,350	29,080	39,990	103,420
8	34,040	28,820	39,630	102,490
7	33,740	28,560	39,270	101,570
6	33,430	28,300	38,910	100,640
5	33,120	28,040	38,560	99,720
4	32,820	27,780	38,200	98,800
3	32,510	27,520	37,840	97,870
2	32,200	27,260	37,490	96,950
1	30,670	25,960	35,700	92,330
計	332,150	281,180	386,650	1,000,000

置別効用積数割合を掛けて各住戸の価格を求める[5]（表1・5）。分譲マンションの価格のように位置によって異なる価格を求めるためには，建物の価格の「質量」を示す効用積数の考え方を用いる[6]。

○基本原則4（権利と価格均衡の原則）

建物を複数で所有する場合の土地と建物の権利と価格は均衡しなければならない。

土地と建物を複数で所有する代表的な例は分譲マンションである。分譲マンションでは，住戸ごとに独立した所有権をもっている（区分所有権）。建物をもっているわけであるから，土地の権利も必要となる（基本原則1，基本原則2）。

図1・11のケースでは，101号室〜203号室を所有する全員で土地を所有する（共有）。この場合，所有する建物の広さが違えば所有権の価格も異なるので，土地の所有割合（持分）も違える必要がある。仮に，所有権の価格が広さだけで決まるとすると，各住戸の面積の合計が500 m^{2}であるので，101号室の土地の所有割合（持分）は100 m^2÷500 m^2=0.2となる。

図1・2の第1案から第4案のいずれも，土

201号室 100m^2	202号室 65m^2	203号室 85m^2
101号室 100m^2	102号室 65m^2	103号室 85m^2

101号室〜203号室
全員で所有（共有）

図1・11　複数で土地と建物を所有する

---

5) プロジェクトに必要となる費用をもとに価格を求める方法をコストアプローチといい，求めた価格を積算価格という。価格を求める方法には，このほか，インカムアプローチとマーケットアプローチがある。

6) 分譲マンションの価格は，厳密には土地と建物の価格であるが，マンション購入者は，建物を買う感覚が強い。ここでは，建物の価格と表記している。

7) 表中の数字を合計すると右下の計は1.00000，1,000,000と多少の誤差が出るが，この計は全体を示す値であることより，ここではそのまま記載している。

地については，XとYは以前からそれぞれの土地を所有し続けている。これに対して建物の広さは案によって異なり，所有する価格も異なる。

土地価格の割合が仮に1：2とする。一般に第1案では，Xの土地所有権価格：Yの土地所有権価格＝Xの建物所有権価格：Yの建物所有権価格＝1：2となるが，他の案では，Yは1：2の割合をこえて建物を所有しており，土地と建物の権利と価格の均衡がとれていない。

【例題1－3】
　土地所有者とディベロッパーが協力して行う等価交換事業では，土地所有者が土地の一部をディベロッパーに売り，その代金でディベロッパーが建てた建物の一部を購入します。等価交換事業の権利変換[8]の考え方を説明してください。（関連：基本原則1，基本原則2，基本原則3）

(解答 p.10)

○設定条件
1) 土地所有者が提供する土地価格（出資額）：4.0億円
2) ディベロッパーが提供する建設費（出資額）：6.0億円
3) 総事業費：10.0億円

等価交換事業[9]は，土地所有者が所有する土地を提供するとともに，ディベロッパーが建築費を負担して建物を完成させる事業である（図1・12）。土地所有者が所有する**土地の一部を売却**し，そのお金で**建物の一部を購入**する事業手法であると説明されることもある。

この説明によれば，等価交換事業完成後の土地と建物を，**土地所有者とディベロッパーが**どのように取得するか（権利変換）については多様な選択肢があり，双方の合意があればどのようにも実現できることになる。

図1・13の左図は，土地所有者は2.0億円分の土地を売り，同額で建物を買うケースである。完成後は，土地2.0億円と建物2.0億円の合計4.0億円を取得する。土地と建物を**等価で交換**したうえに**出資額と同額を取得**するので問題なさそうである。

図1・13の右図は，土地所有者は3.0億円の土地を売り，同額で建物を買うケースである。完成後は，土地1.0億円と建物3.0億円の合計

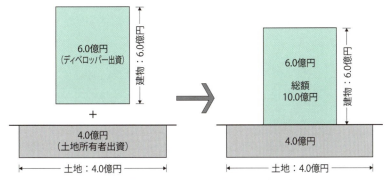

図1・12　等価交換事業の費用負担（出資）

---

8) 完成した建物を各権利者がどのように取得するか示すこと。
9) 巻末151ページで，別途に用語解説する。

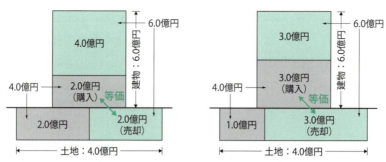

図 1・13 等価交換事業の権利変換の説明図

4.0億円を取得する。土地と建物を等価で交換したうえに，出資額と同額を取得するのでこちらも問題なさそうである。

しかし，これらの権利変換は次のような問題を含んでいる。

1. 複数で土地と建物を所有する

基本原則 4（権利と価格均衡の原則）のとおり，複数で所有する場合は土地と建物の権利価格の割合が同じことが求められる。図 1・13 の左図は，土地の所有割合は 50：50 である一方，建物の所有割合は 33：67 になっている。また，図 1・13 の右図では，土地の価格割合 25：75 に対して，建物の所有割合は 50：50 になっている。いずれも基本原則 4 に合致していない。

2. 複数権利者の権利割合を決める

（例題 1－3 の解答）

複数の権利者が共同して行う事業では，まず，**権利割合**を決めることが重要である。その後，その割合に応じて権利と義務を決定していく。権利変換によって資産を取得することは事業参加者の権利であるから，権利割合に応じて土地と建物を取得するのである。本件では，図 1・14 が正しい**権利変換**である。

土地所有者（元地主）は 4.0 億円，ディベロッパーは 6.0 億円を出資するので，権利割合は 40％：60％ である。この権利割合で土地と建物を取得するので，土地所有者は土地（4.0 億円）の 40％（1.6 億円）と建物（6.0 億円）の 40％（2.4 億円）を取得する。取得する金額は，4.0 億円で出資額と同額である。一方，ディベロッパーは，土地（4.0 億円）の 60％（2.4 億円）と建物（6.0 億円）の 60％（3.6 億円）を取得する。取得する金額は，6.0 億円で出資額と同額である。この結果，土地所有者（元地主）は 2.4 億円の土地を売って，2.4 億円で建物を買ったことになる。これが唯一の正しい権利変換である。

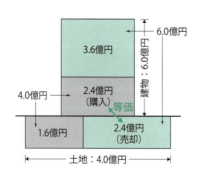

	土地出資（元地主）	建物出資（ディベロッパー）	合計
土地（割合）	1.6億円（40％）	2.4億円（60％）	4.0億円（100％）
建物（割合）	2.4億円（40％）	3.6億円（60％）	6.0億円（100％）
合計（割合）	4.0億円（40％）	6.0億円（60％）	10.0億円（100％）

図 1・14 等価交換事業の正しい権利変換

"木を見て森を見ず"ということわざがあるが、建築プロデュースでも同じことがいえる。図1・13のような発想では、小さな正解の一方で大きな誤りを犯してしまう。複数が関与する不動産事業では、森は権利割合のことを指す。

○**基本原則5（土地建物抵当の原則）**
建築費のための借入金でも土地にも抵当権をつける必要がある。

土地の購入や建物の新築のために必要となる多額の費用を自己資金でまかなえるケースは少なく、ほとんどの場合、銀行などの金融機関から資金を借り入れることになる。資金を融資した金融機関は抵当権をつける。抵当権は、返済が滞った場合に強制的に抵当不動産を売却する権利で、金融機関は抵当不動産の売却代金から融資した資金を回収する。抵当権をつける際、金融機関は建築費のための融資であっても、また、土地価格より少ない融資額であっても、土地と建物の両方に抵当権をつけることを求める。

図1・15は、建築費の一部として500万円を借り入れて完成した建物と土地の両方に抵当権を設定していることを示している。金融機関は、500万円の融資金のために、2,000万円の価値のある建物だけでなく、2,000万円の価値のある土地にも抵当権を設定している。

理不尽に思える金融機関のこの行為がなぜ合理的なものかについては、例題1－4で解説する。

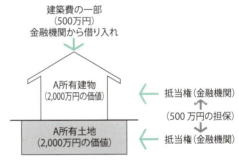

図1・15 土地と建物に抵当権を設定する

【例題1－4】
金融機関が土地につけた抵当権を実行して売却すると、その土地上に建っている建物の所有権はどうなるか説明してください。（関連：基本原則1、基本原則2）

(解答 p.12)

Aが所有する土地と建物のうち、土地だけに抵当権を設定する場合（図1・16）、**土地の抵当権は建物に及ばない**（原則）ため、抵当権をもつ金融機関は土地だけしか競売できない。競売によって、**土地所有権**は競落人が取得する（図1・17）。

建物所有権は守られる一方、土地所有者X（競落人）、建物所有者Aという関係になる。図1・18で示したとおり、これは"あってはいけない状態"である。土地と建物の所有者が異

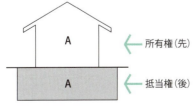

図1・16 土地だけに抵当権を設定

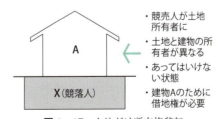

図1・17 土地だけ所有権移転

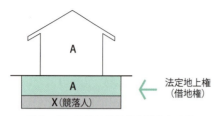

図1・18 法的に借地権を発生させる

なる場合，**敷地利用権**として**借地権**が必要であるので，この場合は法律によって借地権を発生させることになる（図1・18）。

1. 法定地上権で建物を守る
（例題1－4の解答）

借地権は，建物所有目的のための**地上権**および**土地賃借権**である。どちらも借地権として借地借家法で保護されるが，比較すれば**地上権による借地権**のほうが強く，自由度が高い借地権である。借地権が強くなることを少しでも防ぎたい地主の意向もあり，一般に**土地賃借権による借地権**が多く用いられるが，図1・17の場合は，地上権による借地権を発生させる。これを法定地上権という。

結果として，建物所有権は競落されることなく守られ，敷地利用権として地上権による借地権を得ることになる。法定地上権は抵当権に関連する事項であるが，実質的には借地権の問題である。

2. 法定地上権の問題点

法定地上権の発生は**競落額**に影響する。借地権は借地借家法で保護された強い権利で，特に，地上権による借地権は地主の承諾なしに売買できるなど，**財産価値**がある。借地権に財産価値がある分，土地所有権の財産価値は下落する。

図1・16の状態で，通常にAが利用している場合の土地価格を10として，図1・18の状態では，例えば借地権（法定地上権）の価格が6となる[10]。その場合，土地所有権価格は4となりそうに思えるが，実際にはそれほど高く評価されることは稀で，競落人Xの競落価格が1であっても驚くに値しない[11]。

金融機関としては，10の価値があると判断して融資をしたにもかかわらず，競売せざるを得ない状態になって競売にかけると1でしか売却できず，融資残高を回収できない可能性が高くなる。このような状態を避けるため，金融機関は法定地上権が発生しないよう，土地と建物の両方に抵当権をつけて，両方を競売できる状態にしておくことになるのである。

3. 土地の抵当権で建物も競売できる例外がある

土地の抵当権は建物に及ばないことが基本であるが，例外もある。図1・19は図1・16と同じように抵当権が設定されているが，**建物所有権の登記と抵当権の登記の順番が逆のケース**である。図1・19のように，先に土地に抵当権がつけられ，その後建物を建てて登記した場合，土地の抵当権は建物に及ばない原則の例外として，土地の抵当権で建物も売却できる（**一括競売**）。この場合は，土地についても10の価格で売却できる可能性が高まるから，金融機関としては安心である。ただし，建物の売却代金は所有者に戻す必要がある。このように，登記の順番は大変重要である。

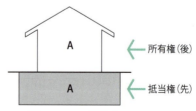

図1・19 一括競売のパターン

---

10) 借地権の価格は場所，用途，契約内容などで異なる。相続税では，便宜的に図3・20（p.59）右上のように示されている。
11) 相続路線価による評価では，便宜的に借地権の価格と借地権がついている土地所有権価格の合計が，借地権がついていない土地所有権（更地）の価格に等しいとしている。

4. 借地権の終了時にも同様の問題が起きる

法定地上権は新たに借地権を発生させるケースであるが，逆に，借地権の終了時でも同質の問題が起きる。借地権は一般に契約期間が更新され，更新時に定めた新たな契約期間で継続して借地できるが，状況によっては更新されず，借地権が消滅することもある。

この際，借地権は期間の満了と同時に消滅するが，物的な存在である建物がその瞬間に消えてなくなるわけではない。このため土地所有者A，建物所有者Bという状況が発生する。既に述べたとおり，これは"あってはいけない状態"である。これを解決する方法として，① 建物を解体する方法と，② 借地権者が所有する建物を土地所有者が購入する方法がある（図1・20）。

契約期間の更新がない**定期借地権**では，期間満了時に同様のことが確実に起きる。建築プロデュースでは意図的に借地権を用いることもあるが，**借地権の出口**についても十分理解しておくことが不可欠である。

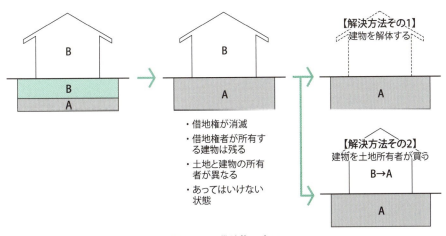

図1・20 借地権の出口

第2章　建築プロジェクトの担い手

第1節　開発して賃貸する建築プロジェクト

1・1　賃貸型プロジェクトの手順を知る

賃貸事業の事業主は，土地を入手して建物を建築し，完成した建物を賃貸して事業経営をする。このために必要となる事業経営の主な行為は，以下のとおりである（図2・1）。

(1) 土地を購入する（図2・1①）

まず，土地を購入する。一般に，購入希望に沿う土地の売主を買主が直接見つけることは困難なため，土地の売買の仲立ちをする宅地建物取引業者に依頼して売主を紹介してもらう。条件に合致する土地が見つかり購入することを決めたら，売主と契約を結ぶことになる。契約の種類は土地の売買契約である。宅地建物取引業者に仲立ちを依頼する際の契約を媒介契約という。

(2) 資金の融資を依頼する（図2・1②）

土地の購入には多額の代金が必要となる。全額を自己資金で賄えることは少なく，銀行などの金融機関から資金の融資を受けることが一般的である。この際の契約の種類は金銭消費貸借契約である。

土地売買契約の決済日には購入代金全額を支払うことが原則であるので，決済日前に金融機関と交渉して融資が受けられることを確定しておく必要がある。

金融機関は，貸し付けた資金が確実に返済されることを担保する必要がある。このため，融資を受ける者と抵当権設定契約を結び，購入した土地に抵当権を設定することが一般的である。

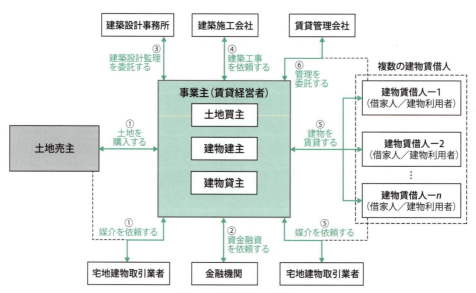

図2・1　賃貸事業の仕組み

(3) 建築の設計と監理を委託する（図2・1③）

次に，建築する建物を決定し，図面等で具体的に表現してもらうために，建築士事務所登録をしている**建築設計事務所**に建築の設計を依頼する。この際，**建築設計**と併せて工事期間中の**工事監理**を依頼することが基本である。依頼する契約の種類は，建築設計監理の**委託契約**である。

(4) 建築の工事を発注する（図2・1④）

建築設計図が完成したら，その図面に基づいて建築の**工事を完成**することを**建設業者**に依頼する。契約の種類は，建築の**請負契約**である。建築の工事をすることを建築施工ということもある。

(5) 建物を賃貸する（図2・1⑤）

建築工事が完成したら，建物を借りて利用することを希望する借主に建物を賃貸する。一定規模以上の建物では借主が複数になることも多くなり，建物の貸主がすべての入居者を直接見つけることは困難である。そこで，建物の賃貸借の仲立ちを業とする**宅地建物取引業者**に依頼して借主を紹介してもらう。条件に合致する借主が見つかり，賃貸することが決定したら借主と契約を結ぶことになる。契約の種類は，建物の**賃貸借契約**である。土地の売買の際と同様，宅地建物取引業者に依頼する際の契約は，**媒介契約**である。

(6) 建物を管理する（図2・1⑥）

建物の賃貸借契約は，2年とか，場合によっては20年とかの長期間継続する契約になる。

建物を賃貸している間には，給水が出ない，排水が流れないなど，建物の利用に支障のある事象が起きることがある。また，入居者同士のトラブルや借主が家賃を払わないなどの事象が発生することもある。このような事象に対応するのは貸主であるが，あらゆる事象に対して，貸主が随時対応することは困難である。

そこで，これらの事象を解決し，賃貸借関係を円滑に継続することを業とする**賃貸管理業者**に賃貸管理を依頼する。この際の契約の種類は，賃貸管理の**委託契約**である。

1・2 賃貸型プロジェクトの担い手

(1) 土地の購入を支援する専門家（図2・2①）

(a) 売買契約の成立を支援する宅地建物取引士

土地の売買を仲立ちし，契約成立のために尽力することを業とする者は，**宅地建物取引業者の免許**が必要となる（宅地建物取引業法第3条）。宅地建物取引業の免許をとるためには，従業員の5人に1人以上の割合で**宅地建物取引士**がいることが必要である。

宅地建物取引業法は，業者の免許制と従業員の資格保有の両面から，宅地建物取引の安全を図っている。売買契約の締結前に行うことが義務づけられている**重要事項の説明**は，宅地建物取引士が行わなければならないなど，宅地建物取引士の役割は大きい。

(b) 所有権移転登記を担う司法書士

土地を取得したら，それが自分のものであることを公的に示す証を得ておきたい。そのために，**不動産登記**の制度がある。

土地を購入して所有権を取得したら，売主から買主へ**所有権移転登記**をする。買主は登記権利者として登記する権利をもつが，登記の手続きは専門知識が必要なため，**権利の登記**の専門家である**司法書士**に依頼する。

(2) 資金の融資を支援する専門家（図2・2②）

融資の申込みに対して，金融機関は事業診断の専門家として，提示された事業採算計画や返済計画を吟味して融資の可否や条件を判断する。

資金の融資に際し，金融機関に属さない専門家が第三者の立場で関与する余地は大きくはな

いが，金融機関の融資判断の資料として利用してもらうために，**不動産鑑定士**が不動産鑑定評価を行うことがある。不動産鑑定評価は，鑑定評価基準に基づいて行う精緻な価格評価である。役所や上場企業が土地を購入する際は，価格の妥当性を判断するために不動産鑑定評価が行われる。

融資の希望者が，融資申込みの際に金融機関に提示する**事業採算計画**の作成には，特段の資格などは不要で誰でもできる。半面，客観性や信憑性が十分とはいえないものも見受けられる。

適切な事業採算計画の作成は，建築プロデューサーに期待される職能の一部であり，本書でも詳しく解説する。

融資に際して金融機関が設定する抵当権の登記は，権利の登記であることから司法書士に依頼する。

(3) 建築の設計を担う専門家（図2・2③）

建物に求められる合理性・機能性・安全性・耐久性，費用，美観などの要素を総合的に考慮し，合法的な建築設計として設計図書に取りまとめる専門家が建築士である。建築士には一級建築士，二級建築士，木造建築士があり，それぞれ設計可能な建物が決められている。建築設計は，意匠，構造，設備に分かれ，協力しながら設計図書を完成させることが通常で，一定の建物は，構造や設備に詳しい一級建築士である構造設計一級建築士や設備設計一級建築士が設計に関与することが求められている。

他人の求めに応じ，報酬を得て建築設計業務を行うためには，建築士事務所登録が必要となる。登録には，管理建築士を配置するなどの要件を満たすことが必要である。

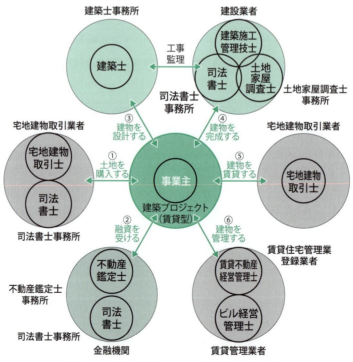

図2・2　建築プロジェクト（賃貸型）の担い手

(4) 建物工事の完成を支援する専門家（図 2・2④）

(a) 建築物の完成を担う建設業者

建設工事の完成を請け負う営業を行うためには，建設業の許可が必要である[1]。許可は建設工事の業種別の許可のほか，一般建設業と特定建設業の区別があり，下請業者と一定金額以上の下請契約を結ぶ場合は特定建設業の許可が必要となる。

建設業の許可を得るためには，営業所ごとに専任技術者を置く必要があり，一般建設業よりも特定建設業でより高度な専任技術者が求められる。特定建設業のうち，施工技術の総合性等が高い業種は指定建設業に定められ，専任技術者の要件がさらに高度になる。一級建築施工管理技士は，幅広い建設業で専任技術者として認められる。

(b) 建築物の品質管理を担う建築士

建築工事中は，十分な注意を払って建築物の品質を確保することが重要となる。建設業者は，建設現場に監理技術者や主任技術者を配置し，請負契約の当事者として建設工事の品質に努める。

請負契約のもう一方の当事者の建築主は，建設工事中に必要となる専門的な判断や指示を自ら行うことが困難なため，建築士に委託して工事監理を行う[2]。工事監理は，工事を設計図書と照合・確認することを指し，建築士の独占業務である（建築士法第2条）。建築の専門家が，建築主の視点に立って建築物の品質，行程やコストを管理することで，工事の適正を実現する仕組みである。

(c) 完成建物の物的な登記を担う土地家屋調査士

新築した建物の登記は，それまでなかったものを初めて登記するという点に特徴がある。まず，建物の階数，広さ，構造，用途など，建物を確定するために必要な事項を登記する。このような不動産の物的概要を示す登記を，表示の登記という。表示の登記は，建主が自分で登記するのが建て前であるが，他の登記と同様，専門的な知識が必要なことから，専門家に依頼する。表示の登記を担う専門家は土地家屋調査士である。

(d) 完成建物の権利の登記を担う司法書士

登記簿の所有権の欄にする最初の登記を所有権保存登記といい，新築建物の登記が該当する。権利の登記の担い手は司法書士である。

(5) 建物の賃貸を支援する専門家（図2・2⑤）

宅地建物取引業者に依頼して借主を探してもらう。契約締結前には，宅地建物取引士が**重要事項の説明**を行うなど，賃貸借契約の締結を支援する。

(6) 建物の管理を支援する専門家（図2・2⑥）

現時点で，建物管理の分野に対する規律はないが，国土交通省の賃貸住宅管理業者登録制度や，民間資格の**賃貸不動産経営管理士**の制度が拡充されてきている。

ビル経営管理士は，事務所ビルの運営を専門とする民間資格である。また，不動産の証券化では，プロパティマネジメント会社やプロパティマネージャーの職能が確立している。

---

[1] 軽微な建設工事のみを請け負う場合は，許可は不要で，たとえば，請負代金500万円未満のリフォーム工事では建設業の許可を受けていない業者が工事を請け負うことができる。

[2] 多くの場合は，建築設計を委託した建築士事務所に工事監理も委託する。

第2節　開発して分譲する建築プロジェクト

2・1　分譲型プロジェクトの手順を知る

分譲事業の事業主は，土地を入手して建物を建築し，完成した建物を土地とともに売却して事業を手じまいする。そのために必要となる主な行為は，以下のとおりである（図2・3）。

分譲とは，開発区域や開発建物を分割して譲渡するところから生じた用語で，土地を分譲する**土地分譲**，建物を建設して分譲する**建物分譲**がある。後者はさらに，戸建て住宅を建てて売却する**建売分譲**と**マンション分譲**のように，1棟の建物を分割して売却するものもある。以下では，マンション分譲を想定して説明する。

(1)　土地の購入から建物の工事まで

賃貸事業と分譲事業は，事業目的が異なる，立地条件が異なる，建物の意匠が異なるなど，相違点は多くあるが，プロジェクトを進める手順のうち，土地の購入から建物の工事の間は，賃貸型プロジェクトと同様である。

分譲型プロジェクトの手順として，前述した賃貸型プロジェクトの内容と異なる点を挙げると，以下のとおりである。

(a)　金融機関に提出する事業計画

分譲して手じまいすることを前提とした収支計画となる。賃貸事業が数十年に及ぶ長期の賃貸経営を前提とすることに対し，建物完成後1年から数年程度の販売期間を想定したものとなる。

(b)　登記の手続き

賃貸プロジェクトでは，完成した建物は事業主が長期に所有する。このため，完成後は速やかに所有権保存登記などの登記を行う。これに対して，分譲事業では購入した区分所有者が所有するため，事業主は表示の登記のみを行い，権利の登記は区分所有権売却後に区分所有者が行うのが通常である。

(2)　土地と建物を売却する（図2・3⑤）

建築工事が完了したら，購入を希望する買主に土地と建物を売却する。売主自ら多数の買主

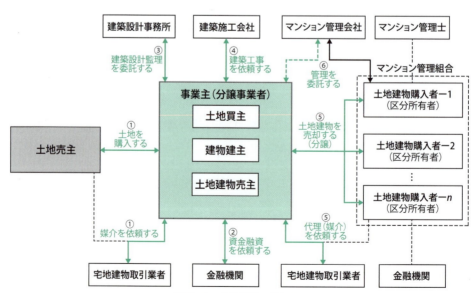

図2・3　分譲事業の仕組み

を直接見つけることは困難なため，宅地建物取引業者に依頼し買主を探してもらう。条件に合致する買主が見つかり，売却することを決定したら，買主と契約を結ぶ。

契約の種類は，土地建物の売買契約である。売買する建物の所有権は，**建物の区分所有等に関する法律**の適用を受ける，1棟の建物内の専有部分の所有権である。このような建物の所有権を区分所有権という。

宅地建物取引業者に買主を探してもらうことを依頼する際の契約には，媒介契約のほかに代理契約がある。新築分譲マンションを販売する際は，分譲事業者が子会社の宅地建物取引業者と**代理契約**を結んで販売することが多くなっている。この場合，買主は宅地建物取引業者への手数料が不要となることが一般的である。

(3) 建物を管理する（図2・3⑥）

分譲事業者は，土地建物を区分所有者に売却することによって分譲事業を完結する。一方，区分所有権を購入した区分所有者は，建物の区分所有等に関する法律に基づいて管理組合を組織し，区分所有者の総意に基づいて建物を管理する。

区分所有建物の管理には，法律，経営，建築などの知識が必要であるが，個別の管理組合が必要十分な知識を持ち合わせることは困難である。そこで，管理組合はマンション管理会社に管理を委託することが多い。

委託する管理会社は管理組合が決定するのが基本であるが，分譲事業者が，子会社の管理会社などを指定する，管理規約の案を作成するなどの方法により，管理組合の立ち上げ期の管理を支援するのが一般的である。

2・2　分譲型プロジェクトの担い手

(1) 建物の分譲を支援する専門家（図2・4⑤）

土地の購入から建物の工事までの支援者は，賃貸型プロジェクトと同様である。建物の分譲

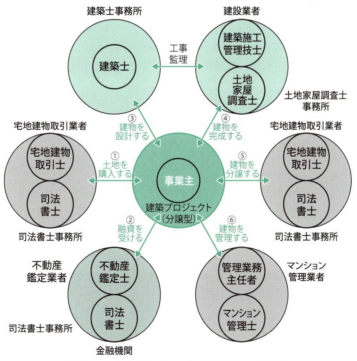

図2・4　建築プロジェクト（分譲型）の担い手

に際しては，事業主の分譲プロジェクトに関する商品知識が豊富な，子会社の宅地建物取引業者が事業主の代理として販売することが多くなる。

区分所有権を購入した買主は，司法書士に依頼して所有権保存登記を行う。また，購入に際して金融機関から融資を受ける場合は，合わせて司法書士に**抵当権設定登記**を依頼する。

(2) 建物の管理を支援する専門家（図2・4⑥）

賃貸型プロジェクトと分譲型プロジェクトを比較して大きく異なる点の一つは，完成した建物の管理の仕方である。

賃貸型プロジェクトでは，事業主（賃貸経営者）が建物所有者として建物を管理する一方，分譲型プロジェクトは，建物の所有権を取得した区分所有者が管理組合を組織して管理する[3]。

分譲マンションでは，マンションの管理の適正化の推進に関する法律により，管理会社は**マンション管理業者登録**が必要である。また，登録のためには，一定数の管理業務主任者を雇用する必要がある。

管理組合は，管理委託した管理会社の業務推進の是非を確認する，特別の専門性を要する事項にアドバイスをもらうなど，必要がある場合は，マンション管理士に依頼することができる。マンション管理士と顧問契約をして経常的に支援を受けることも可能である。

---

3) 区分所有権の対象となる専有部分（各住戸）は，区分所有者が管理する。建物の共用部分や敷地の管理は，管理組合が行う。

第3節 建築のライフサイクルと不動産業

3・1 不動産業の業態

賃貸型プロジェクトでも分譲型プロジェクトでも，建物を完成させ利用に供するには，多くの専門家が関与する。これを広く不動産業と捉えると，不動産業はいくつかの業態に区分できる。

賃貸型プロジェクトをみると，土地を取得して建物を建設する開発業，事業資金を提供する金融業，土地の売買や建物の賃貸を支援する流通業，建物の継続的利用を支援する管理業および，賃貸経営を行う賃貸業に分類できる（図2・5）。

不動産業は，これらの業態の一または複数を業務内容とする事業体で構成されている。業態を網羅して，広範囲に不動産業を展開する事業体も存在する。

3・2 建築のライフサイクルにわたる建築経営

建物は，新築時の状態のままいつまでも利用できるわけではない。利用を継続しているうちに，建物の性能の**劣化**や**陳腐化**のみならず，**地域の変容や衰退**，**社会ニーズの変化**，さらには所有者の**経営管理意欲の低下**など，新築時の想定とは異なる状況が起こりうる。新築後の建物は，このような社会経済の状況変化に対応することが求められる。

社会経済的な視点からは，ハードとしての建物よりも，敷地を含めた不動産としての状態が重要なことも少なくない。また，用途に加えてその使い方を含めた用法に工夫が求められることもある。社会のニーズや事業性を考慮しつつ，適時適切な建物の用法を提供し続ける，**建築経営**が大切である。（図2・6）。

持続的な建築経営を実現するためには，更新・改修，コンバージョンなどの建築ハードに対する追加投資によって建築性能を回復する方法のほか，所有者や所有方法を変えることによって**経営能力**を回復する方法や，管理者や管理

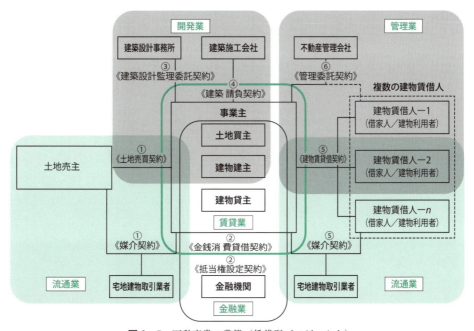

図2・5 不動産業の業態（賃貸型プロジェクト）

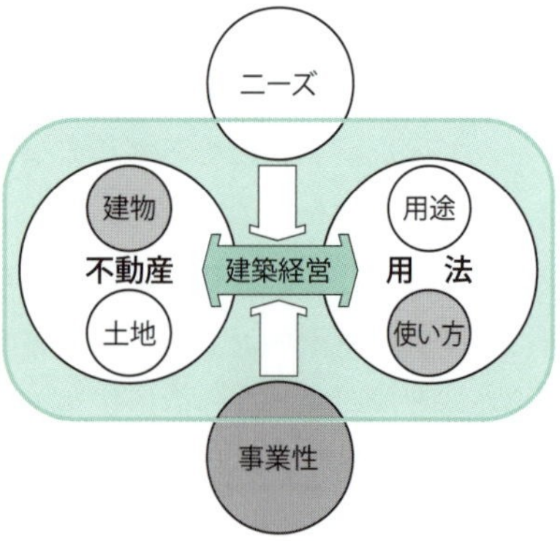

図2・6 持続的な建築経営の実現

方法を変えて管理能力を回復する方法も考えられる。

社会経済の変容が大きくなる中で，建物の長期利用を実現するためには，建物のライフサイクル全体にわたり効果的な処方箋を示すことが必要となる。そのためには，建築を含む不動産について，所有と利用，取引と登記，価格と税金，経営と管理などを理解する必要がある。

3・3 建築プロデュースに求められる知識

図2・7は，賃貸型の建築プロジェクトについて，各段階で必要となる契約（図2・5）の締結と，その履行を誘導するために必要となる知識を示したものである。

建築プロジェクトの立上げと，建築のライフサイクルにわたる建築経営を提示する役割を担う建築プロデュースには，法律の知識，経済の知識，経営の知識，工学（建築・都市）の知識が必要で，これらを有機的に組み立てて，適切な仕組みをつくりあげることが求められる。

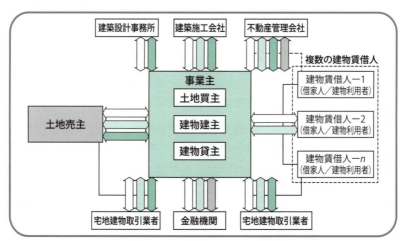

図2・7 建築プロデュースに必要な知識

第3章　建築のライフサイクルに関わる不動産の法と制度

第1節　不動産の所有と利用

1・1　不動産を所有する

(1)　所有権の内容と制約

　所有するとは，自己の持ち物として支配することで，所有者は法令の制限内において，自由にその所有物の使用，収益および処分をする権利を有する（民法第206条）。使用とは自ら利用することで，収益とは他人に貸与するなどにより利益を得ることを指し，処分は売却するなどである（表3・1）。

(a)　土地と建物の所有権

①　土地の所有権　　土地の所有権は，法令の制限内[1]において，その**土地の上下に及ぶ**（第207条）。地球の中心から成層圏まで所有権の範囲とも読めるが，実質上は利用可能な範囲に限られると考えられており，一般に所有地の上を航空機が飛行することは排除できない。地下については，大深度地下の公共的使用に関する特別措置法によって，公共的な目的であれば通常利用されることのない深さの大深度地下を公的な事業を行う者が無償で利用することが認められている。

②　建物の所有権　　日本の民法は，土地及びその定着物を不動産と規定し（第86条），

代表的な土地の定着物である建物は，独立の不動産として所有権の対象となる（基本原則1）。後述の区分所有建物に該当しない限り，どのように大きな建物でも**所有権は一つである**。

③　土地と建物の所有権の関係　　日本では，土地と建物はそれぞれ所有権の対象となる。建物に独立した所有権がなく土地所有権に含まれる英米法とは，対照的である。日本の制度のもとでは，土地所有者と建物所有者が同じことも，異なることも認められる。

　建物が土地に定着していることから，建物所有者は，建物を土地に定着させるための権利（**敷地利用権**）をもっている必要がある（基本原則2）。

　土地所有者と建物所有者の関係は，表3・2に示す2つのタイプに分けられる。タイプ1は，土地所有権に含まれる使用権に基づいて土地を利用する。タイプ2は，土地所有者

表3・1　所有権の内容

区　分	内　　　容
使用権	自分で利用する権利。事業用に利用して利益を得ることを含む。
収益権	他人に使用収益させて，利益を得る権利。この場合，自分で利用することは制約される。
処分権	他人に売却する権利など。売却により対価を得ることを含む。

表3・2　土地と建物の所有権の関係

タイプ	タイプ1	タイプ2
概念図	A 建物所有者 / A 土地所有者	B 建物所有者 / A 土地所有者
特　徴	建物所有者Aは，自分が所有する土地所有権に含まれる使用権に基づいて土地を利用。基本のパターン。	日本の制度で認められるパターンであるが，Bが土地を利用することに当事者間の合意がない場合は，不法占拠となる。

---

1)　詳細は「1・2　不動産を利用する」（p.30）を参照。

24　第3章　建築のライフサイクルに関わる不動産の法と制度

Aと建物所有者Bの間に土地の貸借など，土地を利用する合意があれば適法である一方，無権利のBが土地を利用することは違法で，両者を区別する（基本原則2）。

（b）　複数人で一つの所有権をもつ

① 共有する　　複数人で一つの所有権をもつ方法の代表的なものは，共有である。

（ア）　共有物の利用と処分　　共有する場合は，各人の共有持分割合を決めるが，当事者が定めなかった場合は，持分は等しいものと推定される。共有者は，共有物の全部について，その持分に応じた使用をすることができる（第249条；共有物の使用）。一方，持分に応じ，管理の費用を支払うなど，共有物に関する負担を負う（第253条；共有物に関する負担）。共有者は，共有物の全体に権利と義務を負うことが特徴である。

各共有者は，他の共有者の同意を得なければ，共有物に変更を加えることができず（第251条；共有物の変更），共有物の管理に関する事項は，各共有者の持分の価格の過半数で決まる（第252条；共有物の管理）。ただし保存行為は，各共有者がすることができる。保存行為とは，共有物の現状を維持する行為で，修繕などが該当する。

各共有者は，いつでも共有物の分割を請求できる。ただし，5年を超えない期間内は分割をしない旨の契約が可能で（第256条；共有物の分割請求），この契約は更新もできる。

共有物の分割について共有者間に協議が整わないときは，裁判所に分割を請求できる（第258条；裁判による共有物の分割）。共有物の現物を分割できないとき，または分割によって価格が著しく減少するおそれがあるときは，裁判所は，競売を命ずるこ

表3・3　共有物の分割

	共有の状態	分割後の状態
概念図	土地X A1＊A2共有 （持分60：40）	土地Y A1所有 / 土地Z A2所有
特徴	土地Xの所有権を2人で共有。A1，A2とも共有地の全体を利用できる。持分は任意に決めることができる。	分割後の価値が，分割前の持分と同じとなるように分割して，それぞれを単独で所有。自分の土地だけを利用する。

注）　概念図中＊は共有を示す。

とができる。競売によって換金し，持分に応じて配分する。

共有は，土地や建物を細分化することなく複数人で一つの所有権を保有する方法で，土地や建物の経済価値を保持できる長所がある。一方，大規模改修や売却など，共有物の変更は全員賛成が必要となり，適時適切な対応ができなくなる可能性がある。このため，民法ではいつでも共有物の分割請求ができるなど，共有を解消する可能性を意識した規定を設けている（表3・3）。

（イ）　土地と建物を共有する　　土地と建物の所有権をそれぞれ共有することがある。土地と建物の所有権は別々で，持分もそれぞれ定める。土地と建物の持分の関係は，表3・4に示すように，大きく4つに分類することができ，タイプ1が基本となる。

建物を所有するためには，土地を利用する敷地利用権が必要という基本原則2を共有に当てはめると，建物の共有持分割合と土地の共有持分は等しくなければならない（基本原則4）。土地の持分が建物の持分より少ないと，その差分だけ利用する権利をもたずに土地を利用していることとな

る。これを避けるため，差分について土地を利用する権利を認める旨の当事者の合意が必要となる（表3・4のタイプ2参照）。

② 区分所有する

（ア）区分所有の仕組み　共有は，共有物の部分を特定せず，各共有者がそれぞれ共有物の全体を利用する権利であることに対し，1棟の建物の部分を定めて，それぞれの部分を別々の所有権の対象とする方法がある。この方法については，建物の所有権は一つとする日本の**不動産所有制度の例外**であることにより，**建物の区分所有等に関する法律**（以下，「区分所有法」という。）がその内容を定めている。

区分所有法は，分譲マンションに適用されることが多いが，同法第1条は，1棟の建物に構造上区分された数個の部分で独立して，住居，店舗，事務所または倉庫その他建物としての用途に供することができるとき，各部分は，それぞれ所有権の目的とすることができると規定しており，用途にかかわらず区分所有が可能である。

（イ）区分所有権　区分所有する権利を**区分所有権**といい，区分所有する部分を**専有部分**という。専有部分として認められるためには，構造上独立していることと，単独で任意の用途に利用できることの2つの要件を備える必要がある（第1条）。

構造上独立の要件は，柱，壁，建具などで囲われていることであり，これらを伴わない想定上の線で区切った専有部分は認められない。大空間がほしい一方で，細かい専有部分に分割して所有したい場合は，シャッターを設けて，構造上の独立性を確保しつつ，それを解放することで大空間を実

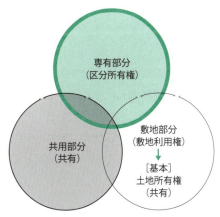

図3・1　区分所有建物の3要素

表3・4　土地と建物の共有の仕方

	タイプ1	タイプ2	タイプ3	タイプ4
概念図	A1＊A2 (60：40) / A1＊A2 (60：40)	A1＊A2 (30：70) / A1＊A2 (60：40)	A1 / A1＊A2	A1＊A2 / A2
特徴	土地と建物を共有し，土地の持分と建物の持分が一致。建物の所有と土地の**利用の権限が一致**し安定している。基本形である。	土地と建物を共有し，土地の持分と建物の持分が不一致。持分の差分について，土地を利用するための合意が必要となる。	土地を共有し建物を単独所有。建物所有者の土地を利用する権限が不足する。不足分について土地を利用するための合意が必要となる。	土地を単独所有し建物を共有する。建物所有者の一部は土地を利用する権限がなく，土地を利用するための合意が必要となる。

注）概念図において，A1＊A2はA1とA2が共有することを示す。（　）内は持分。上段が建物で下段が土地を示す。

現するなどの工夫が必要となる。

　独立した用途に利用できるという要件は，用途によって必要な機能が異なるため，その都度判断される。例えば，住宅であれば居住に必要な機能が揃っていることが求められる。用途に必要な機能は，建築設計上の比較的軽微な工夫で具備することが可能な一方，共用廊下と離れた位置にあるために他の専有部分を通過しないと入れないなどの場合は，独立して利用できるとはいえず，建築設計を相当程度見直すことが必要となる[2]。

　専有部分は，区分所有権によって排他的に利用できるが，専有部分に到達するためには共用部分を利用する必要がある。また，区分所有権によって建物を所有するためには，土地を利用する敷地利用権が必要である（基本原則2）。つまり，専有部分を所有し，利用するためには，区分所有権だけでは足りず，共用部分の権利と敷地利用権[3]が不可欠となる（図3・1）。区分所有法では，共用部分について，共有者の持分は専有部分の処分に従うと規定し，共用部分の持分と専有部分を**分離して処分できない**（第15条；共用部分の持分の処分）としている。また，区分所有者は，専有部分と**敷地利用権を分離して処分できない**（第22条；分離処分の禁止）としている。つまり，専有部分の区分所有権をAからBに譲渡する場合，共用部分の共有持分も敷地利用権の持分もBに譲渡しなければならないということである。

　区分所有の仕組みは，専有部分と共用部分および敷地部分が一体となっている点

表3・5　区分所有法の用語

用　　語	定　　義
区分所有権	建物の部分を目的とする所有権
区分所有者	区分所有権を有する者
専有部分	区分所有権の目的となる建物の部分
共用部分	専有部分以外の建物の部分
敷地利用権	専有部分を所有するための建物の敷地に関する権利。土地所有権の共有など

や，土地は一般の土地のように独立の財産ではなく区分所有権の取引に伴って移転する点で，日本の不動産制度の例外である。

(2)　所有権を手に入れる

(a)　不動産を売買する

① 売買契約の基本　　所有権を入手する代表的な方法は，売買契約によって売主が保有する所有権を買主に移転し，買主が所有権を入手する，というものである。

　売買は，当事者の一方がある財産権を相手方に移転することを約し，相手方がこれに対して代金を支払うことを約することによって，効力を生ずる（民法第555条）。契約は**意思表示の合致**によって成立し，日本では原則として**契約書の作成は契約成立の要件ではない**。したがって，どの不動産をどのような条件で売買するかが確定でき，そのことに当事者の合意があれば，契約書がなくても売買契約が成立する。もとより，合意内容を書面化することで後日の争いを予防する意味は大きく，今日の土地や建物の売買では契約書を作成することが通常である。

　契約の成立により所有権が移転することが基本であるが，両当事者の合意により，契約成立日とは別に所有権が移転する日を定めることもある[4]。

---

2)　区分所有する建物を設計する場合は，あらかじめ，十分に検討しておく必要がある。
3)　一般に土地所有権の共有持分であるが，借地権の準共有持分のこともある（準共有とは，所有権以外の財産権を複数の人がもつこと）。
4)　図3・3（p.28）参照。

② 不動産売買の特徴　建物を売買する場合，外観や内観のチェックはできても，壁や柱の中，床下や天井裏までは十分にチェックできないことも少なくない。

（ア）　売主の瑕疵担保責任（従来の考え方）

売買の目的物に隠れた瑕疵があったとき，買主がこれを知らず，かつ，瑕疵のために契約した目的が達せられないときは，買主は**契約の解除**をすることができ，**損害賠償請求**をすることもできる。

隠れていた欠陥が顕在化して支障が出た場合は，売主が責任を負う仕組みで，これを売主の瑕疵担保責任という。契約の解除または損害賠償の請求が認められる期間は，買主が事実を知ったときから**1年以内**である。

瑕疵担保責任は，瑕疵があったことに過失がなくても責任をとらなければならない**無過失責任**で，売主に重い責任を負わせる一方，瑕疵の存在の**立証責任**は買主にある。代表的な瑕疵として雨漏りがあるが，後日気がついた雨漏りの原因が，契約時に内在していたことをさかのぼって立証することは容易ではない。争いになれば最終的に裁判で決することになり，訴訟費用や時間が必要となり，買主にも負担がかかる。

売主は，買主が事実を知ったのが売買の1年後であれば売買から2年間，5年後であれば6年間責任を問われる可能性がある。この方法で計算すればいつまでも責任があることになるが，最高裁判所の判例により，責任を問われる期間は売買から10年程度との認識が一般化している。

瑕疵担保責任は，特約によって排除することができ，全く瑕疵担保責任を負わない，責任を負う期間を引渡しから3ヶ月間，6ヶ月間などと特約して責任期間を短くすることも少なくない。

売主に責任があることが自明であり，責任を認める判決が出された場合でも，売主に損害賠償に応じる資力がないなどの場合，買主は救済されない。売主の瑕疵担保責任は，民法に規定されているとはいえ，必ずしも実効性が高いとはいえない側面がある[5]。

投資ファンドなど投資の専門家が建築プロジェクトに出資する場合，ファンドに資金を提供した投資家の利益を損なわないためには，瑕疵がない建物を取得する必要がある。また，事前に瑕疵を発見できないことは，専門家としての能力不足を意味する。このため，投資ファンドなどは，購入時にデュー・ディリジェンス（Due Diligence：詳細調査）を実行して瑕疵の把握に努めるとともに，調査結果を売買交渉に用いるなど，取引にかかる判断材料に用いる。

デュー・ディリジェンスの範囲は，建築プロジェクトに関する法律，経営，建築，環境，価格などにわたり，それぞれの分野の専門家である，弁護士，会計士，建築士，技術士，不動産鑑定士ほかの専門家で分担することが一般的である。

デュー・ディリジェンスは，日本のような売主の瑕疵担保責任制度がなく，「**買主注意せよ**」の原則で取引する英米法の下で発達した慣行である。欠陥のあるものを買ったとしても，買ったほうの自己責任とする社会では，契約当事者である買主が行うべき当然の行為であると考えられている。

5）　以上は民法第 70 条に規定されていたが改正により削除され，2020（令和 2）年 4 月 1 日に施行される改正法では，「売主の契約不適合責任」（改正民法第 565 条）が適用される。

図3・2 双務契約（売買）の権利と義務

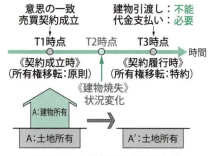

図3・3 危険負担の債権者主義

（イ）　債権者の危険負担（従来の考え方）

売買契約では，売主は売買代金を受領する権利がある一方，売買の目的物を買主に引渡す義務がある。買主は売買代金を支払う義務がある一方，売買の目的物の引渡しを受ける権利がある。このように，一つの契約の当事者が相互に権利と義務をもつ契約を**双務契約**という。売買契約は典型的な双務契約である（図3・2）。

民法では，土地や建物の所有権を移転する売買契約を結んだ場合に，売買の目的物が債務者の責めに帰することができない事由によって滅失や損傷したときは，その滅失や損傷は，**債権者の負担**に帰する（**危険負担の債権者主義**）と規定している。ここにいう債権者とは，引渡しを受ける権利を有する買主を指す。

建物の売買では，意思が一致して契約が成立した時点では，まだ売主が使用していて引渡しができないこともある（図3・3）。このような場合は，契約が成立した日（図のT1時点）とは別に，両当事者が相互に義務を果たす契約履行日（T3時点）を定めることがある。契約履行日に代金支払と引渡しを行い，併せて所有権が移転する日と定めて所有権移転登記を申請する。

このような場合において，契約成立から契約履行日の間（T2時点）に火事で建物が滅失することが考えられ，危険負担が規定されている。民法の原則によれば，買主は建物の引渡しを受けられない（不能）にもかかわらず代金を支払うことになり，高額なことが多い建物の売買では，買主に酷な規定である。実際の契約では，危険負担を売主（債務者）が負うと特約することもある[6]。

（b）　売買以外の方法で所有権を入手する

①　新築して手に入れる　建築物を新築する場合，工事が一定程度進んで建物と認められる要件を満たすと所有権の対象となる。請負契約当事者間では，建築主が材料の全部または主要部分を供給する場合は最初から建築主に所有権があり，請負人が材料費の全部または主要部分を供給する場合は，所有権はいったん請負人に帰属し，引渡しによって建築主が所有権を取得すると考えられている。これに対して，社会的には建主が最初に所有権を手に入れ（原始取得），**所有権保存登記**を行う。

所有権保存登記に先立ち表題部に表示の登記を行うが，建物として登記できる認定基準は，ⅰ）屋根があり，壁が3方向以上ある，ⅱ）土地に定着している，ⅲ）建物としてその目的とする用途に供することができる状態

---

6) 以上は民法第534条に規定されていたが改正により削除され，2020（令和2）年4月1日に施行される改正法では，「債権者は反対給付の履行を拒むことができる」（改正民法第536条：債務者の危険負担）が適用される。

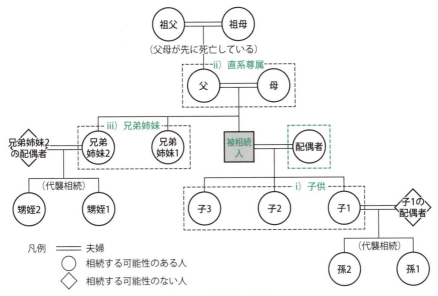

図3・4 相続人の範囲

である，ということである。このため，表示の登記が申請できるのは，基礎工事，外壁，屋根工事が完了して建物と認識でき，工事の足場が撤去され，内装仕上げが完了した段階である。

民法では，請負契約の代金は完成後の**引渡し時に支払う**と規定しているが，高額で工期が長い建物の請負契約では，着工時1/3，上棟時1/3，竣工時1/3とするなどの特約をすることも少なくない。

② 相続で手に入れる

(ア) 相続人と法定相続分　不動産の所有権を相続によって入手することがある。相続は人の死亡によって開始する。死亡者を被相続人といい，その財産を相続する者を相続人という。相続人は，被相続人の**配偶者**と，ⅰ)**子供**，ⅱ)**直系尊属**（父母，祖父母等），ⅲ)**兄弟姉妹**で，これ以外の者は相続人になれない（図3・4）。配偶者は，生存している限り常に相続人となり，ⅰ)，ⅱ)，ⅲ)の順位で相続人となる。

表3・6　相続の順位と相続割合

順位	内　容	配偶者がいる場合		
		相続人	相続割合	同順位が複数の場合
ⅰ)	第一順位の子供が一人でもいれば，第二順位の直系尊属，第三順位の兄弟姉妹は相続人とならない。	配偶者と子供	1:1 (1/2:1/2)	子供間で等分 子供が3人の場合 $1/2 \times 1/3 = 1/6$
ⅱ)	第一順位の子供がいないときは，第二順位の直系尊属が相続人となり，第三順位の兄弟姉妹は相続人とならない。	配偶者と直系尊属	2:1 (2/3:1/3)	直系尊属で等分 父母2人の場合 $1/3 \times 1/2 = 1/6$
ⅲ)	第一順位の子供，第二順位の直系尊属がいなかったときに限り，第三順位の兄弟姉妹が相続人となる。	配偶者と兄弟姉妹	3:1 (3/4:1/4)	兄弟姉妹で等分 兄弟姉妹が3人の場合 $1/4 \times 1/3 = 1/12$ （半血の兄弟の例外）

配偶者がいる場合の相続分を表3・6に示す。子供，直系尊属，兄弟姉妹が複数のとき，各相続分は等しい。子供は実子と養子の別，嫡出子と非嫡出子の別を問わず相続分は等しい。直系尊属は，親などの近い者が相続し（祖父母と父母が生存の場合は父母），実親と養親の区別はない。兄弟姉妹は，父母の一方が同じ兄弟姉妹の相続分は，双方が同じ兄弟姉妹の1/2である。被相続人の死亡前に死亡している子供は相続人とならないが，その者に子供（被相続人の孫）がいれば，その子供が死亡している親（被相続人の子供）に代わって相続する（**代襲相続**）。相続分は，親が生きていたら相続したであろう相続分である。

（イ）**遺産分割**　相続人は，被相続人の死亡によって被相続人が有していた財産を相続する。相続人が複数の場合，相続人の相続分が決まる（遺産分割）まで相続財産は相続人が共有し，分割により各人が取得する。

遺産分割の優先順位は表3・7のとおりで，遺言によって指定する指定分割の優先順位が最も高い。遺産分割の方法は表3・8のとおりである。不動産を分割しないで特定の相続人に相続させる場合は，指定分割によって現物分割する方法が適する。相続によって所有権が移転した場合，相続を登記原因とする所有権移転登記を行う。

③　**贈与で手に入れる**　贈与は契約の一種で，当事者の一方が自己の財産を無償で相手方に与える意思を表示し，相手方が受諾をすることによって効力を生ずる（民法第549条）。不動産の贈与について合意が成立すると，所有権は贈与者から受贈者に移転する。贈与した場合は，贈与を登記原因とする所有権移転登記を行う。

④　**その他**　民法では，時効によって所有権を取得する可能性を規定している。20年間，所有の意思をもって，平穏に，かつ，公然と他人の物を占有した者は，その所有権を取得する（第162条）。また，10年間，所有の意思をもって，平穏に，かつ，公然と他人の物を占有した者は，占有の開始時に，他人の物であることを知らず，かつ，過失がなかったときは，所有権を取得する。成立要件として，ⅰ）所有の意思，ⅱ）平穏かつ公然，ⅲ）一定期間の占有の継続などが求められ，取得しようとする者が要件の成立を立証する必要がある。

1・2　不動産を利用する

(1)　所有と利用を組み合わせる

(a)　契約で利用権を設定する

所有者は，法令の制限内において，自由にその所有物の使用，収益および処分をする権利を有する（第206条）から，所有者は，所有する不動産を自由に利用することができ

表3・7　遺産分割の順位

順位	名　称	内　容
1	指定分割	遺言によって指定された分割方法に基づく分割
2	協議分割	相続人の協議による分割
3	調停分割	審判分割に先立って家庭裁判所が行う調停による分割
4	審判分割	相続人の申し立てにより，家庭裁判所が行う分割

表3・8　遺産分割の方法

方　法	内　容
現物分割	一筆の土地を相続分に応じて分割する，相続人Aはある遺産を取得し相続人Bは別の遺産を取得する，など
価格分割	全財産または一部を金額に換算して配分する。
代償分割	一人が全資産を取得する代わりに他の相続人に対して相続分相当の債務を負い，一定期間の年賦で支払う，など

る。ただし，ここにいう自由は，他人との取り決め（**私法上の制約**）や行政上の規律（**公法上の制約**）を破らない範囲に限定される。

所有者以外でも合理的・合法的な裏づけがあれば不動産を利用できる。例えば，民法は地上権，地役権や賃借権など，他人の土地を利用したり収益したりできる権利（用益権）を規定している。これらの権利は，民法の規律を参考にしながら，契約当事者が契約でその内容を定めることができる。

(b) 土地と建物の所有と利用の4パターン

建物を建てて土地活用する場合，土地と建物の所有と利用の関係は図3・5のとおりである。

① 第1のパターン（自用）　土地所有者Aが自ら土地を利用して建物を建設して所有し，利用する。土地と建物の所有と利用が一致する。基本となるパターンである。

② 第2のパターン（借地）　土地所有者Aから土地を借りたBが土地を利用して建物を所有し，利用する。建物を建ててもよいという条件で土地を借りる権利に，地上権と土地賃借権があり，借地借家法では両者をまとめて借地権という。Bを借地権者（以下，「借地人」という。[7]）といい，土地について所有者Aと利用者Bが分離する。

③ 第3のパターン（借地と借家）　土地所有者Aから土地を借りた借地人Bが，土地を利用して所有する建物をCが借りて利用する。第2のパターンの借地権と第4のパターンの借家権が発生する。土地について所有者Aと利用者B，建物について所有者Bと利用者Cにそれぞれ所有と利用が分離する。

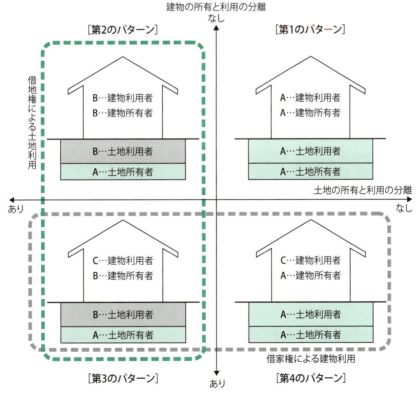

図3・5　土地と建物の所有と利用

---
7) 借地，借家に関する用語は，巻末152ページで別途解説する。

④ 第4のパターン（借家） 土地所有者Aが自ら土地を利用して建設して所有する建物を借りたCが建物を利用する。建物を借りて使うための建物賃借権を借地借家法では**借家権**といい，Cを借家権者（以下，「借家人」という。[7]）という。建物について所有者Aと利用者Cが分離する。

(2) 所有者が利用する

(a) 利用に対する相隣関係からの制約（民法）

民法第206条が規定する，所有者の自由な利用は，一方で近隣間の混乱を引き起こす可能性があることより，民法では，所有権間の調整を図るために**相隣関係**を定めている。相隣関係の規定には以下のものがある。

建物を築造するには，境界線から**50 cm以上の距離を保たなければならず**（第234条1項；境界線付近の建築の制限），規定に違反して建築をしようとする者がいるときは，隣地の所有者は，建築の中止や変更をさせることができる（2項）。また，境界線から1m未満の位置に他人の宅地を見通すことができる窓，縁側やベランダを設ける者は，**目隠しを付けなければならない**（第235条）。

もっとも，地域にこれらと異なる慣習がある場合は，その慣習に従う（第236条）。これは，雪国などで中途半端に間隔をあけるとかえって不都合が生じるなどを考慮したものである。

工事に際して，土地の所有者は，境界やその付近で障壁や建物の築造や修繕のため必要な範囲内で，**隣地の使用**を請求することができる（第209条；隣地の使用請求）。

相隣関係の規定は，社会の安寧秩序を維持するための目安を示すものであり，地域の慣習や相互の合意があれば，これと異なる取決めなども有効である。目安に過ぎないからといって独善的にこれを破ることは，民法の趣旨を逸脱するものであり，ひいては地域の混乱の原因ともなり，厳に慎むべきである。

(b) 利用に対する法令上の制限（行政法）

所有者による利用は，**法令上の制限内**において認められる（第206条）。法令上の制限は，行政法や公法上の制限といわれることもあり，都市計画法や建築基準法はその代表的なものである（表3・9）。

都市計画区域内では，① 建築物の用途が制限され（用途制限），② 建築物の容積率・建蔽率・高さ・配置などが制限され（形態制限），③ 建築物の敷地と道路の関係が制限される（接道義務）など，土地や建物の利用に制限が加えられる（集団規定）。

公法上の制限は，誰に対しても等しく制約がかけられ，土地や建物の利用に際しては何人もこれを守ることが基本である。

(c) 利用に対する自主的なルール（協定）

地域の特性を維持向上させるために，複数が所有する不動産について団体のルールをつくることがあり，それが所有権に基づく土地

表3・9 所有権に基づく利用に対する制限

	内　　容
相隣関係 （私法）	・所有権と所有権の調整を図り，争いを防止して秩序を維持するために，民法で規定する。 ・地域の慣習や特別の合意があれば，規定と異なる内容も認める。 ・目安として尊重することが大切。
行 政 法 （公法）	・都市計画法や建築基準法などで，利用してもよい高さや広さを制限するなど。 ・使用に対する規定が多いが，収益や処分に対する規定もある（農地法など）。 ・何人も等しく制約を受け，それを遵守することが求められる。
協 定 （自主ルール）	・環境を維持向上させるなどの目的のために設定する。 ・行政法の根拠をもつものとそうでないものがある。 ・分譲マンションの管理規約は，区分所有法の規定に基づいて定める。 ・遵守して目的を達成しようとする高い自覚が大切。

や建物の利用の制約につながることがある。

法的根拠をもつ協定の例として**建築協定**や**緑化協定**があるほか，特段の法的根拠をもたない協定を結ぶこともあり，一般に紳士協定といわれる。

協定の多くは，不動産の利用を整えることで良い環境を創り出し，維持しようとするものである。利用に対する制約というよりは，価値を高めるための自主規制の側面が強く，それゆえに全員で遵守する高い自覚を伴うものである。

区分所有法が適用される分譲マンションなどにおいては，管理のための団体として**管理組合**を組織し，管理規約に基づいて管理する。管理規約は，管理組合ごとに策定する協定の側面を基本とするが，区分所有法による法定部分も含まれる。管理規約は，利用に対する制約を含んでいる。

(3) 所有者以外が利用する

(a) 不動産を貸借する

不動産を貸し借りする場合の最も基本となる契約は，賃貸借である。

① 賃貸借に関する民法の規定

（ア） **契約の成立と期間** 賃貸借契約は，当事者の一方が相手方に物の使用や収益を認め，相手方がこれに対価を支払うことに合意することで成立する（第601条）。民法の規定では，賃貸借の期間は20年を超えることができない（第604条）[8]。

（イ） **賃貸人の修繕義務** 賃貸人は，賃貸物の使用，収益に必要な修繕を行う義務を負う（第606条）。賃借人は，賃貸人が負担すべき必要費用を出費したときは，ただちに費用の支払いを請求でき（**必要費償還請求**），改良するなどの有益費用を出費し

たときは，賃貸借終了時に改良による価値の増加が現存する場合において，改良の費用もしくは現存する増価額の支払いを請求できる（**有益費償還請求**；第608条）。

（ウ） **賃借人の義務** 賃借人は，賃借物の性質に応じた用法を守る必要があり，修繕を要する場合や賃借物に権利を主張する人がいる場合は賃貸人に通知する義務がある。また，賃貸人が行う保存に必要な行為を拒否できない。

賃借人は，賃貸人の承諾なしに権利を譲渡したり転貸したりすることができず，これに違反した場合は契約解除事由となる。賃借人は賃料を支払うことが必要となる。民法の規定では賃料の支払時期は毎期末である（第614条）[9]。

（エ） **契約の終了** 期間の定めのない賃貸借では，当事者はいつでも解約を申し入れることができ，土地については1年，建物については3か月経過後に終了する。期間を定めたときでも解約を認める特約がある場合は，同様に終了する。賃貸借の期間満了後，賃借人が賃借物の使用を継続する場合に，賃貸人が知っていて異議を述べないときは，前と同一の条件で賃貸借をしたものと推定される（第619条）。

② 民法と借地借家法の関係

賃貸借に関する民法の規定に加えて，建物を所有してもよいという条件で土地を賃貸借する場合には，借地借家法が適用される。同法には民法と異なる規定も含まれるが，民法（**一般法**）と借地借家法（**特別法**）で同じ事項について異なる定めがある場合は，民法の特別法である**借地借家法**が優先する。建物の賃貸借についても同様に，借地借家法が民法に優先する。

---

8) 2020（令和2）年4月1日に施行された改正民法で，20年は50年に改正された。
9) 期末主義という。実際に賃貸借契約を結ぶ場合は，民法の原則によらず，期首主義によることも少なくない。

一方，賃貸借契約のすべてに借地借家法が適用されるわけではない。青空駐車場やテニスコートとして利用することを目的とし，建物を建てることを認めない条件で結ぶ土地の賃貸借には，借地借家法は適用されない。また，一時使用であることが明白な場合も同様である。

（b） 借地人による土地の利用（借地権）

借地権の種類には，以下のものがある（表3・10）。借地借家法では，「建物所有目的のための地上権および土地の賃借権を借地権」と規定するが，ここでは主に，**賃借権に基づく借地権**を念頭に記述する。

① 借地権（普通借地権）　借地借家法では，借地権全般について規定したうえで，更新のない借地権について定期借地権として特別に規定している。両者を区別するために，更新のある借地権を便宜的に普通借地権という。

（ア）契約期間と更新　存続期間は30年で，より長い期間を約定した場合はその期間となる。30年より短い期間を定めた場合は，約定が無効となり，借地期間は30年となる。更新による契約の存続期間については以下に示すとおりである。

ⅰ．当事者の合意による更新　当事者が借地契約を更新する場合の存続期間は，最初の更新は20年，その後の更新は10年とし，より長い期間を定めた場合は，定めた期間となる。

ⅱ．借地人の請求による更新　借地人が契約の更新を請求したときは，建物がある場合は同一の条件で契約を更新したものとみなす。存続期間は，ⅰ．と同じである。

土地所有者が更新を拒絶できるのは，次の条件を満たす場合である。

ⓐ 更新拒絶の正当事由があること

土地所有者および借地人が土地の使用を必要とする事情，借地の経緯，土地利用状況，土地所有者が土地の明渡しと引換えに借地人に申し出た財産上の給付の内容を考慮して，正当の事由があると認められること[10]。

ⓑ 遅滞なく異議を述べること

借地人の請求に対して遅滞なく異議を述べること。

表3・10　借地権の種類

借地権の種類		利用目的	存続期間	更新後の存続期間	手続	特徴
定期借地権	一般定期借地権	制限なし	50年以上	なし	公正証書等で更新はしない，建物買取請求をしない等を特約する。	借地権分譲住宅（戸建て・マンション）等で利用される。借地権者が建物を解体して更地で返還することが一般的。
	建物譲渡特約付借地権	制限なし	30年以上	なし	30年以上経過後に建物を譲渡する旨の特約をする。	建物を買い取ることにより，借地権を消滅させる。借地人は，その後借家人として利用することが可能。
	事業用定期借地権	事業目的のみ。居住用は認められない。	10年以上50年未満	なし	公正証書で契約する。建物買取請求権はない。	ファミリーレストランなど，ロードサイド店舗等で利用される。借地人が建物を解体して更地で返還することが一般的。
普通借地権		制限なし	30年以上	更新可能 法定更新 ・初回：20年 ・2回目以降：10年	期間終了に関する特約で借地人に不利な特約は無効	正当事由がある場合は，更新に異議を述べることができる。

10）（c）（イ）（p.36）参照。

ⅲ．借地人の継続使用による法定更新

期間が満了した後，借地人が土地の使用を継続するときも，建物がある場合はⅱ．と同様に更新される。更新拒絶の正当事由についても同様である。

（イ）　建物買取請求権

ⅰ．借地人の建物買取請求権　借地権の

存続期間が満了した場合に契約の更新が認められないときは，借地人は，土地所有者に対し，建物を時価で買い取るよう請求できる。

借地上には借地人が所有する建物が建っているが，借地権が更新されずに消滅すると敷地利用権がない建物が，“あってはならない状態”で残ることになる（基本原則2)[11]。これを解決するために，更新が認められなかった借地人には，**建物買取請求権**が認められている。ここにいう買取請求権は，「買ってほしい」という任意の売買交渉を指すのではなく，借地人の請求に対して地主は応じる義務がある。

ⅱ．第三取得者の建物買取請求権　第三

者が借地人と合意して借地権と借地上の建物を取得した場合に，土地所有者が賃借権（借地権）の譲渡や転貸を承諾しないとき[12]，第三者（第三取得者）は，土地所有者に対し，建物を時価で買い取ることを請求できる。

借地権の譲渡や転貸が認められなかった第三取得者に建物買取請求権が認められる理由は，ⅰ．の更新が認められなかった借地人と同様である（基本原則2)。

（ウ）　地代等増減請求権　地代が公租公課

の増減，土地価格の上昇・下落などの経済

事情の変動により，周辺の地代水準と比較して不相当となったときは，契約にかかわらず，当事者は，将来に向かって地代などの額の増減を請求できる。ただし，一定の期間地代を増額しない旨の特約がある場合には，その定めに従う[13]。

地代の増額について当事者間に協議がまとまらない場合に，増額の請求を受けた借地人は，増額を正当とする裁判が確定するまでは，相当と認める額の地代を支払えばよい。ただし，裁判の結果，支払った額に不足があるときは，年1割の利息を加えて不足額を払わなければならない。

② 更新のない借地権　（b）①の借地権

（普通借地権）は更新が認められ，借地人が継続利用を希望すると，土地が地主に返還されないことになる。1991年公布の借地借家法では，地主からの土地の提供を促し，土地の有効活用を促進することを目指して，更新されることなく必ず土地が地主に返還される借地権を創設した。更新のない借地権には以下の3種類がある。

（ア）　定期借地権（一般定期借地権）　存

続期間を50年以上として借地権を設定する場合に，契約の更新がなく，建物買取請求をしないことを定めることができ，これを**定期借地権**という。なお，更新のない3種類のうち他の2種類のものと区別するために，この借地権のことを便宜的に**一般定期借地権**という。

借地期間満了後に借地人の建物が残ると前述①（イ）ⅰ．と同様，“あってはならない状態”となる（基本原則2)。この状態を解決するには，建物を解体するか，建

---

11)　図1・20（p.13）参照。

12)　賃借権の譲渡や転貸は，賃貸人（この場合は土地所有者）の同意が必要である（原則）。

13)　増額する旨の特約はそれ自体有効であるが，地代減額請求権を行使されると，これに劣後する。

物所有権を地主が取得するかである（図1・20）が，定期借地権では借地人が請求すれば地主が応じる義務のある建物買取請求を認めないことを規定している。このため，定期借地権の契約では，借地人が建物を解体して土地を返還すると規定することが多い。もとより，建物が継続利用できる場合などでは，借地人と地主の合意に基づいて建物所有権を地主が取得することは可能である。価格については，両当事者が合意すれば有償でも無償でも構わない。

定期借地権の特約は，**公正証書等の書面**によらなければならない。これは，契約は合意によって成立し，書面化は契約成立の要件でないという原則に対する例外である。

（イ） 建物譲渡特約付借地権　設定後30年以上を経過した時点で，借地上の建物を借地人から土地所有者に譲渡することにより，借地権を消滅させることをあらかじめ合意した借地契約をすることができ，この借地権を**建物譲渡特約付借地権**という。（ア）の一般定期借地権とは逆に，借地期間満了後に借地人の建物が残る，"あってはならない状態"を解消する方法として，地主が建物を買取る方法を採用する。

建物所有者として建物を利用してきた借地人や借地人から建物を借りていた借家人は，建物譲渡後は借家人として継続利用することも可能である。

（ウ） 事業用定期借地権　専ら事業の用に供する建物の所有を目的とし，かつ，存続期間が10年以上50年未満，契約の更新がなく建物買取請求権を排除する内容の借地契約をした場合，この借地権を**事業用定期借地権**という。この契約は，**公正証書**によらなければならない。

（ア）の一般定期借地権と共通点が多いが，専ら事業の用に供する建物に限定されるため，居住用の建物は，仮に賃貸経営を目的とするものであってもこの制度は利用できない。

（c）　借家人による建物の利用（借家権）

①　借家権（普通借家権）　借地借家法では，借家権全般について規定したうえで，更新のない借家権について定期建物賃借権として特別に規定している。両者を区別するために，更新のある借家権を便宜的に普通借家権という。

（ア）　契約の期間と更新　借地借家法が適用される建物賃貸借では，賃借権の期間は**20年を超えられない**とする民法の規定[14]は適用しないため，現行法ではどのような長期の建物賃貸借契約も有効である。

更新は合意によるほか，以下の i ．および ii ．に該当すれば更新される。

i ．　非通知による更新　期間の定めがある場合に，当事者が期間の満了の1年前から6月前までの間に相手方に対して更新をしない，または条件を変更しなければ更新をしない旨の通知をしないときは，同一の条件で契約を更新したものとみなされる。

ii ．　借家人の継続使用による更新　i ．の通知をした場合であっても，建物の賃貸借の期間が満了した後に借家人が使用を継続する場合に，賃貸人が遅滞なく異議を述べなかったときも，i ．と同様の扱いとなる。

（イ）　解約申入れ・更新拒絶の要件　建物の賃貸人が解約の申入れをした場合，賃貸借は解約の申入れの日から6月経過すれば終了するが，申入れには正当事由が必要である。賃貸人が建物賃貸借契約の更新期に

---

14)　2020（令和2）年4月1日に施行される改正民法では，20年は50年に改正される。

おいて更新を拒絶するためには，同じく正当事由が認められなければならない。

正当事由は，1）建物の賃貸人および借家人が建物の使用を必要とする事情，2）建物の賃貸借に関するそれまでの経過，3）建物の利用状況，4）建物の現況，5）建物の賃貸人が建物を明渡す条件として借家人に申し出た財産上の給付（立退き料）の内容を考慮して，判断される（図3・6）。

（ウ）**家賃増減請求権** 家賃が，土地・建物に対する公租公課の増減，土地・建物の価格の上昇・下落などの経済事情の変動などにより，周辺の家賃相場と比較して不相当となったときは，契約にかかわらず，家賃の増減を請求できる。一定期間家賃を増額しない旨の特約がある場合は，特約を優先する（借地借家法第32条）。

つまり，1）家賃改定の特約をすることは可能である。2）事情変動による家賃の増減請求権が認められ，これは，特約に優先する。3）家賃を増額しない旨の特約は，事情変動による請求権に優先する。言い換えると，家賃を上げない特約は確定的に有効となる一方，家賃を上げる特約はそれ自体有効ではあるものの，事情変動による減額請求されると特約どおり実行されるとは限らない。家賃改定についても借主が保護されている。

家賃の増額について当事者の協議がまとまらないときは，借家人は，増額を正当とする裁判が確定するまでは，相当と認める額の家賃を支払えばよい。ただし，裁判が確定した結果，支払った額に不足があるときは，年1割の利息を加えて不足額を支払わなければならない。

（エ）**造作買取請求権** 賃貸人の同意を得て建物に附加した畳，建具その他の造作がある場合に，借家人は，建物の賃貸借が期間の満了または解約の申入れによって終了するときに，賃貸人に対し，造作を時価で買い取ることを請求できる。

（b）②（ア）の借地権の場合の建物買取請求権と同様，継続利用が認められない借主を保護する規定である。ただし，借家法[15]では強行規定[16]として借主に不利な特約が認められなかったが，借地借家法では任意規定となったため，契約で排除することも少なくない。

（オ）**借家権の経済的側面**

i．**賃料の支払い** 賃貸借契約は，賃料を支払うことが成立要件であり，無償の契約で，借地借家法の適用がない使用貸借契約とは区別される。賃借権の設定の対価には，契約時に支払う一時金と，一定期間ごとに支払う定期金がある[17]。前者が多額であれば後者は少額となることが経済合理的である。一時金の名称や性格は地域の慣習により多様であるが，契約終了時に借主に返却する（償却しない）ものと，返却し

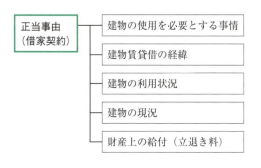

図3・6 更新拒絶の正当事由（建物賃貸借）

---
15) 借地法（大正10年），借家法（大正10年），建物ノ保護ニ関スル法律（明治42年）を廃止して，借地借家法（平成3年）が制定された。
16) 法律の内容と異なる取り決めが認められない条項を強行規定という。これに対して任意規定は，法律の内容と異なる取り決めが認められている。
17) 借家権に限らず，借地権に共通である。

ない（償却する）ものに区分できる。

定期金は期末払いが基本である（民法第614条）[18]。

ⅱ．立退き料　契約当事者の合意があれば，建物賃貸借契約の中途解約や期間満了で終了させることは可能である。しかし，使い続けたいと考える借家人に対して，賃貸人から中途解約や更新しないことを強要することはできない。

賃貸人からの中途解約や更新の拒否が認められるためには正当事由が必要とされ[19]，正当事由の存否は最終的に裁判所が判断する。正当事由の一つに，建物を明渡してもらう引換えに，金員を支払うことが規定されており，明渡しを希望する賃貸人が**立退き料**という名目の金員を支払い，正当事由の成立を認めてもらおうとすることがある。

立退き料は，契約解除等に伴う契約当事者で授受される金銭であり，借家権を第三者間で売買する際の借家権の価格とは異なる。今日では，借家権を売買する慣行は少ない。

② 定期建物賃貸借（定期借家権）　期間の定めがある建物の賃貸借契約をする場合，**公正証書等の書面**によって，契約の更新がないことを定めた賃貸借契約を結ぶことができる。定期借家契約では家賃増額を取り決めたものも確定的に有効で，特約どおり実行される。また，期間満了時の退去に対する立退き料の支払いも想定されていない。

(d)　利用権に対する利用の制限

① 所有権に対する利用制限の準用　借地人による土地の利用や借家人による建物利用については，所有権に基づく利用に対する制約（表3・9参照）が準用される。借地人が建物を建てる場合は，所有権者が建てる場合と同様，都市計画法や建築基準法を遵守して建てる必要がある。区分所有建物の専有部分を賃借する賃借人も管理規約を守る必要がある。

② 契約による利用の制限　借地人や借家人は，賃貸借契約に基づいて利用することが認められる。この際，**賃貸借契約**で利用方法を規定することがある。借地契約において，建築可能な建物は3階建てまでにするとか，利用用途は居住用に限るといった約定がその例である。

たとえば，基準容積率が600％の商業地で8階建て程度の建物が建ち並んでいる地域の土地を借地する場合，地主の意向などにより3階建てまでの契約とすることがある。その土地の最有効使用が8階建て，容積率600％の建物であるとしても，借地人は3階までしか利用できない。この際，借地人が支払う賃料は，8階建てを建てることができる土地の価値に対してではなく，3階建てまでしか建てられない契約内容に対応した賃料を支払うことで，利用の制約と経済的な負担の均衡を図る。

このように，私人間の契約である賃貸借契約では，契約自由の原則により，さまざまな内容が約定され，賃借人の利用を制限するものが含まれることもある。賃貸借契約によって利用を認められる賃借人は，その利用について，(3)(a)に加えて契約による利用制限を受ける（**私法上の制限**）。

(4)　その他の用益権で利用する

地役権は，Ａ地（要役地）のためにＢ地（承役地）を利用し，そこを通行したり，電線を埋

---

18)　p.33の脚注9)を参照。
19)　(c)(イ)(p.36)を参照。

設したりする権利である（図3・7）。

地役権の目的はどのように定めてもよい。温泉地でお湯が出ている井戸（泉源）からホテルまでお湯を引くための引湯地役権，景勝地で景観を確保するための眺望地役権，日照を確保するための日照地役権などに利用される。高圧送電線を通すために，その下の土地に地役権を設定することもある。

賃貸借では，利用する権限は100％賃借人のものとなることに対し，地役権は，要役地と承役地の利用を調整し，共同利用を実現することができる（共同使用権）。

図3・7において，B地の一部であるC部分にA地のために通行地役権を設定すると，A地への通行のために，A地所有者はC部分を利用できると同時に，B地所有者もA地への通行を妨げない範囲で利用が可能である。

建築基準法における建築確認では，排他的な利用権であることが求められ，共同使用が可能な地役権でなく，借地権で借りていることが原則となる。

使用借権は，無償で使用，収益をすることができる権利である（民法第593条）。一般に入手するための費用が高額で，利用が長期に及ぶことも少なくない不動産を，無償で利用させることは多いとはいえないが，親族間などで利用することがある。相続できない，借地借家法の適用がないなど，権利の継続性や安定性が高いとはいえない。

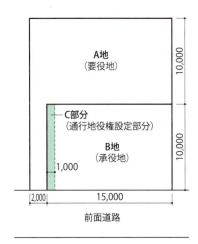

図3・7 地役権による土地利用（通行地役権）

第2節　不動産の登記と取引

2・1　不動産の登記簿を調べる

(1)　不動産登記の仕組み

(a)　登記の目的

土地や建物は持ち運びができないうえに，誰が所有権などの権利をもっているか，現地で明示することも困難である。不動産登記は，土地や建物の権利者や権利の内容を公示する制度である。

不動産に関する**物権**[1]の得喪および変更は，不動産登記法ほかの定めに従って**登記**をしなければ，第三者に対抗することができない（**第三者対抗力**：民法第 177 条，表 3・11）。対抗力とは，不動産の権利について第三者と争いがあった場合に，自らの権利を主張して負けない力のことであり，これを備えるためには，登記簿に権利の登記をすることが必要となる。

所有権の移転や抵当権の設定などは，当事者の意思の一致があれば効力が生じるが，第三者に対して効力を主張するためには登記によって対抗力を備える必要がある。

登記の制度には，売買等の契約の前後ではなく登記によって第三者対抗力が備わる，すべての登記に対抗力があるわけではない，登記がなくとも対抗力が認められる場合がある，などの特徴がある。

(b)　表示の登記と権利の登記

不動産の登記には，表示の登記と権利の登記がある。

① **表示の登記**　表示の登記は，表題部に不動産の物理的状況を公示する（図 3・8）。原則として**申請義務**がある一方，登録免許税は非課税である。ただし，表示登記だけでは**第三者対抗力はない**。

建物を新築した場合は，当該建物の物的状況を示すために表示の登記が必要となり，土地については数筆に分割する場合などに表示の登記が必要となる。

一度登記した土地や建物の物理的状況を変えることなく売買などをする場合は，表題部の変更はなく，改めて表示の登記をする必要はない。

表 3・11　第三者対抗力（土地売買のケース）

概念図	土地所有者 A は売買契約（9月1日）で A' に売却し，売買契約（10月1日）で A" にも売却。所有権主張（争い）により第三者対抗力・所有権移転登記が問題となる。
1	・土地所有者 A は売買契約を締結し，所有土地を A' に売却した（9月1日）。 ・当該売買に関し，所有権移転登記をしないままでいた。
2	・A は同一土地について A" とも売買契約を締結し売却した（10月1日）。 （A は既に A' に売却して所有権がないことがわかっている場合もあれば，わかっていない場合もありえる。） ・A から A" への所有権移転登記を完了させた（11月1日）。
3	・土地の買主 A' と A" との間で，所有権に関する争いが起きる。 ・登記によって第三者対抗力を備えた A" に対して A' は対抗できない（A" が所有権を取得する）。
4	・以上は対抗力に関する例示であり，もとより，**二重売買は認められない**。 ・AA' 間で契約どおり土地を引渡す義務について債務不履行の問題が発生する。 ・一般に，A' は A との契約を解除（債務不履行）して代金を返してもらうとともに損害賠償を請求するであろう。

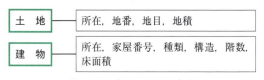

図 3・8　表示の登記の内容

---

1) 物権は物につく権利で，法律によって権利の種類（所有権，地上権，地役権，入会権，質権，抵当権）とその内容が定められている（物権法定主義）。

② **権利の登記** 権利の登記は，権利関係を公示するもので，登録免許税が課税される。権利の登記をする権利部は甲区と乙区に分かれ，甲区には**所有権**に関する事項が，乙区には所有権以外の権利を登記する。権利の登記には，**第三者対抗力**がある。

③ **土地登記簿と建物登記簿** 登記簿には，土地登記簿と建物登記簿がある。建物登記簿の一種である区分所有建物の登記簿は，1棟全体の表題部と専有部分の表題部があるなど，登記簿の編纂が一般の建物登記簿とは異なっている（図3・9）。

④ **登記手続きの専門家** 表示の登記を依頼する場合は**土地家屋調査士**に，権利の登記を依頼する場合は**司法書士**に依頼する。

(2) **登記の効果と限界**

第三者対抗力のほか，日本の登記制度には以下のような特徴がある。

(a) **公示力と公信力**

権利の登記は対抗力を備えるために行うもので，登記が義務づけられているわけではない。このため，登記内容と真実の権利者が異なる場合がある。日本の登記制度は，登記簿の記載が真実の権利関係に合致している蓋然性が高いことを示す**公示力**はあるものの，登記簿上の権利者を真実の権利者として信じて取引した者が，権利を取得することを法律上保護する**公信力**はない。このため，登記簿の記載内容を鵜呑みにすることはできない。

(b) **登記できる権利と登記できない権利**

登記できる権利は，所有権，地上権，永小作権，地役権，先取特権，質権，抵当権，賃借権，採石権および買戻であり，**登記できない権利**には，占有権，使用借権，留置権，入会権などがある。賃借権は登記できる権利であるが，登記のためには賃貸人の承諾が必要となる。

図3・10は，権利を登記する場合の掲載場所を整理したものである。登記簿の甲区には所有権に関する事項として，所有権保存，所有権移転，滅失のほか，差押，買戻などを登記し，乙区には所有権以外の権利として，地上権，地役権，賃借権など，他人の土地を利用する権利（**用益権**）や，抵当権，質権など，債権を担保するための権利（**担保権**）を登記する。抵当権の欄には，債権額や貸付条件などが記載される。

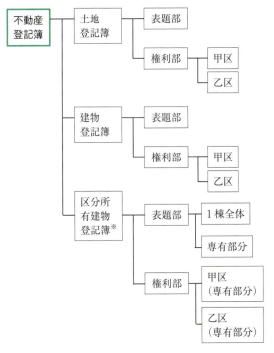

※建物登記簿の1種であるが，編纂が異なるため，比較のため併記した。

図3・9 不動産登記簿の種類と編纂

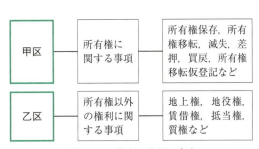

図3・10 権利の登記の内容

(3) 借地権と借家権の対抗力

(a) 借地権の対抗力

① **原則型** 借地借家法が規定する借地権は，建物所有目的のための地上権および土地賃借権である。地上権も賃借権も登記できる権利であり，登記によって借地権の対抗力を備えることができる。

借地権の対抗力が問題となるのは，地主Aが借地権の付いている土地を第三者A'に売却し，新しい地主A'が借地人Bに対して立退いてほしいと申し出て，これを拒否するBとの間で争いになる場合などである（表3・12）。

(ア) **地上権による借地権** **物権**である地上権は，地主に登記協力義務があるため，借地権の登記が可能である。土地登記簿の乙区を調査することで，登記の有無を確認できる。

(イ) **賃借権による借地権** 賃借権は登記できる権利であり，地主の協力を得て登記することができれば，賃借権に基づく借地権も第三者対抗力を備えることができる。この場合も，土地登記簿の乙区を調査することで登記の有無を確認できる。

② **例外規定** **債権**である賃借権には地主に登記協力義務がなく，地主が同意しない場合は賃借権の登記ができない。しかし，借地人保護のための例外規定があり，土地賃借権の登記がなくても，借地人が借地上に所有する自分の**建物を登記**すれば土地賃借権に対抗力が認められる。

土地登記簿と建物登記簿の両方を調査して所有者が一致しない場合は，この規定に該当する可能性がある。

(b) 借家権の対抗力

① **原則型** 建物の賃借権に基づく借家権についても，登記することによって第三者対抗力を備えることができる。

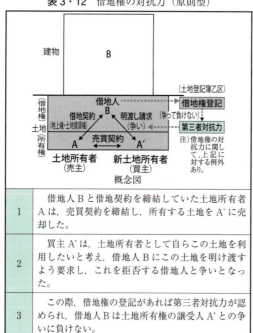

表3・12 借地権の対抗力（原則型）

1	借地人Bと借地契約を締結していた土地所有者Aは，売買契約を締結し，所有する土地をA'に売却した。
2	買主A'は，土地所有者として自らこの土地を利用したいと考え，借地人Bにこの土地を明け渡すよう要求し，これを拒否する借地人と争いとなった。
3	この際，借地権の登記があれば第三者対抗力が認められ，借地人Bは土地所有権の譲受人A'との争いに負けない。

表3・13 借家権の対抗力（原則型）

1	借家人Cと借家契約を締結していた土地建物所有者Aは，売買契約を締結し，所有する土地と建物をA'に売却した。
2	買主A'は，土地建物所有者として自らこの土地建物を利用したいと考え，借家人Cにこの建物を明け渡すよう要求し，これを拒否する借家人Cと争いとなった。
3	この際，借家権の登記があれば第三者対抗力が認められ，借家人Cは土地建物所有権の譲受人A'との争いに負けない[2]。

---

[2] アパートを借りて住んでいたところ，家主が交代し，新家主から立ち退きを要求された場合などが該当する。

借家権で対抗力が問題となるのは，建物所有者（賃貸人（家主））A が建物所有権（多くの場合，同時に土地所有権）を第三者 A'に売却し，新しい建物所有者（賃貸人（家主））A'が借家人 C に対して立退いてほしいと申し出て，これを拒否する C との間で争いになるなどの場合である（表 3・13）。

建物賃借権の登記の有無は，建物登記簿の乙区を調査する。

② 例外規定　**債権**である賃借権には，家主に登記協力義務がなく，家主が同意しない場合は賃借権の登記ができない。しかし，借家人保護のための例外規定があり，**建物の引渡し**があれば賃借権に対抗力が認められる。

引渡しとは，賃貸借契約を結び，鍵を受け取って実際に借家を利用することである。引渡しは事実上の行為であり，登記簿には表れない。このため，現地調査を行い，賃借人が引渡しを受けて実際に占有しているか確認する必要がある。

(4) 登記簿の見方

図 3・11 は，同一場所にある土地と建物の登記内容の概要の例である。このケースでは，土地については，所有者が T 土地建物株式会社で，そのほかに抵当権が登記されている。建物については，所有者 H が登記されている。

この場合，土地と建物の所有者が異なることから借地権が存在している可能性がある（基本原則 2）。一方で，権利の登記が義務づけられていないことより，土地と建物のいずれか，または両方の登記名義人が真の所有者を示していない可能性もある。借地権の存在は，当該土地を誰が利用するのか[3]，所有権価格はいくらかなど，土地の資産価値や利用にとって重要な影

全部事項証明書（土地）

【表題部】	（土地の表示）
所在	〇〇県〇〇市〇〇町一丁目
地番	9番25
地目	宅地
地積	190.00m²
【権利部（甲区）】	（所有権に関する事項）
登記の目的	所有権移転
権利者その他の事項	T土地建物株式会社
【権利部（乙区）】	（所有権以外の権利に関する事項）
登記の目的	抵当権設定
原因	平成30年4月26日設定
権利者その他の事項	債権額　金500万円　抵当権者M銀行株式会社

全部事項証明書（建物）

【表題部】	（主たる建物の表示）
所在	〇〇県〇〇市〇〇町一丁目9番地25
家屋番号	9番25
構造	木造
用途	居宅
床面積	1階　50.00m²
	2階　50.00m²
【権利部（甲区）】	（所有権に関する事項）
登記の目的	所有権保存
権利者その他の事項	H
乙区に登記された内容はない	

図 3・11　登記内容の概要

響があるので，慎重な調査が必要となる。

2・2　不動産を取引する

(1) 不動産取引の権利と態様

不動産を取引するとは，一般に，土地や建物を**売買**することと**貸借**することを指す。貸借には，**賃貸借**と**使用貸借**がある。さらに，地上権や地役権を設定して他人の土地を利用することもあるが，ここでは賃貸借を取り上げる。また，売買には借地権など，所有権以外の権利を売買することもあるが，ここでは所有権を売買する場合を取り上げる。

(a) 売り買い（売買）して所有権を移転する

売買は，当事者の一方がある**財産権**[4] を相手方に移転することを約し，相手方がこれに対して代金を支払うことを約することによって，効力を生ずる（民法第 555 条）。

売買の契約は，両当事者の合意によって成

---

3)　借地権が存在する場合，その土地を利用する権利は 100% 借地権者にある。自分の所有地であっても土地所有者は借地権を無視して自ら利用することはできない。

4)　借地権の売買などもあるため，所有権とは表記していない。

立するため，適切に相手方を見つけることができれば，当事者だけで完結できる。しかし，不動産の売買は相手方を見つけることが困難，相手方との合意形成が困難，合意成立後の手続きがわからないなどの理由により，専門家の支援を受けて契約の成立と履行を完成させることが一般的である。

(b) 貸し借り（賃貸借）して利用権を移転する

賃貸借は，当事者の一方が相手方に物の使用や収益を認め，相手方がこれに対価を支払うことに合意することで成立する（民法第601条）。不動産を賃貸借する場合の対価を一般に**賃料**という。賃貸借契約の成立要件の一つは対価を支払うことであるため，不動産の賃貸借では賃料の支払いが不可欠である。

売買契約と同様，当事者の合意があれば契約書がなくても契約が成立する。今日では，土地や建物の賃貸借で契約書を作成しないほうが少ない。契約両当事者だけで完結することもできるが専門家の支援を受けることが多い点も売買契約と同様である。

(2) 宅地建物取引業者の取引態様

不特定多数を対象に不動産の取引を継続反復して行うことは，**宅地建物取引業**（以下，「宅建業」という。）に該当し，宅地建物取引業法（以下，「宅建業法」という。）の適用を受ける。宅建業法は，図3・12に示す8種類の取引を宅

	1 売買	2 交換	3 貸借
A 自ら	A-1 [開発業]	A-2	A-3 [賃貸業]
B 代理	B-1	B-2	B-3
C 媒介	C-1	C-2	C-3

注) 太線内が宅建業に該当する。

図3・12 宅建業法が規定する8つの取引態様

建業と規定している。

宅建業法の**取引態様**には，売買と貸借のほかに交換を含む。交換とは，同種同等の不動産の所有権などを相互に入れ替えることをいう。ただし，売買や貸借と比較すると交換による不動産取引は稀である。

自らとは，売買等の当事者となることを意味し，**代理**とは，売買や貸借を行おうとする本人の代理として契約の相手方と交渉などを行うことをいう。また，**媒介**とは，売買や貸借の契約当事者のどちらの側に立つこともなく，中立の専門家として契約の成立に尽力することをいう。媒介は宅建業法の用語で，仲介ということもある。

土地や建物の開発事業を行い，開発した自己所有の**不動産を分譲**する場合は継続反復する売主に該当（A-1）するため，宅建業の免許が必要となる。開発事業者と代理契約を結んで販売の代理を依頼され，一般消費者と売買の交渉や契約の締結を行う場合が代理に該当する（B-

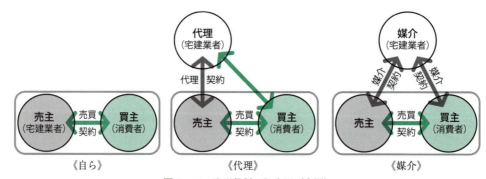

図3・13 取引態様の概念図（売買）

1）。新築分譲マンションの販売で多く用いられる方法である。一般に，不動産取引では媒介が多く用いられ（C-1），売主，買主がそれぞれ宅建業者と媒介契約を結ぶ。

自ら行う賃貸借（A-3）は，不動産取引に含まれるが宅建業には該当しない。賃貸ビルや賃貸マンションを経営する事業者がこれに該当し，宅建業者に媒介を依頼することなく，これらの事業者と直に建物賃貸借契約を結ぶ場合は宅建業法が適用されない。

取引態様は宅建業者の立場を示すとともに，報酬の支払とも関係することより，宅建業法では必ず取引態様を示すことになっている。

(3) 宅建業法で取引の安全を図る

宅建業法は，土地や建物の取引の安全を図るための法律で，そのために必要な事項を規定している。宅建業を**免許制**とし，万が一のトラブルで消費者が損害をこうむった場合の救済のために**営業保証金を供託**するほか，取引に際しては，国家資格である**宅地建物取引士**（以下，「宅建士」という。）が，重要事項を記載した書面を説明する。重要事項説明に該当しない事象でも，重要な事項について故意に事実を告げないことは禁じられている。

（a） 免許と資格で安全を図る

① **宅建業の免許** 宅建業を営もうとするものは，知事（1つの都道府県だけに事務所を設置する場合）または国土交通大臣（2つ以上の都道府県に事務所を設置する場合）の免許を取得しなければならない。免許の取得に際しては，欠格要件に該当していないなどの免許基準に合致する必要がある。

免許基準を満たす者だけに宅建業を営むことを認めて，取引の安全を図るものである。

② **宅建士（国家資格）の配置** 宅建業を営む者は，事務所ごとに5人に1人以上の専任の宅建士を置かなければならない。宅建

士は，土地や建物の取引に必要な知識を問う宅地建物取引士資格試験（以下，「宅建士試験」という。）に合格するとともに，一定の実務経験があり，**宅地建物取引士証**の交付を受けた者をいう。宅建士試験は，表3・14の分野から，四肢択一方式で50問出題される。

宅建業法は，国家資格をもつ宅建士が，契約成立前と契約成立後に書面を説明することなどを義務づけている。不動産取引の専門家が契約の前後に関与することで，取引の安全を図るものである。

(b) 業務の基準を示す

宅建業法では業務の基準を示し，宅建業者にその遵守を義務づけることで，不動産取引の安全を図っている。その主なものは，表3・15に示すとおりである。

業務基準は，取引態様を問わず遵守すべき基準と，宅建業者が売主になる場合に適用さ

表3・14 宅建士試験の出題内容

	分　　野	内　　容
1	土地の形質，地積，地目及び種別並びに建物の形質，構造及び種別に関すること。	土地・建物の一般知識
2	土地及び建物についての権利及び権利の変動に関する法令に関すること。	民法，借地借家法，不動産登記法，区分所有法
3	土地及び建物についての法令上の制限に関すること。	国土利用計画法，都市計画法，建築基準法，土地区画整理法，農地法，宅地造成等規制法など
4	宅地及び建物についての税に関する法令に関すること。	不動産取得税，固定資産税，所得税，登録免許制，印紙税，贈与税，相続税など
5	宅地及び建物の需給に関する法令及び実務に関すること。	住宅金融支援機構法，不当景品類及び不当表示防止法，取引の実務，宅地・建物の統計
6	宅地及び建物の価格の評定に関すること。	地価公示法，不動産鑑定評価基準
7	宅地建物取引業法及び同法の関係法令に関すること。	宅地建物取引業法

れる基準がある。宅建業者が売主の場合，一般消費者は不動産の専門家である宅建業者を相手に交渉し契約することになる（図3・13の《自ら》）。この場合には，他の態様よりも厳格な基準を適用して，取引の公平と安全を図っている。

① **重要事項を説明する**（表3・15の6）　宅建業者と宅建士は，協力して重要事項説明を

表3・15　宅建業の業務基準

	区　分	項　　　目
1		業務処理原則（信義誠実）
2		誇大広告の禁止
3		広告開始時期の制限
4		取引態様の明示義務
5		媒介・代理契約の規制
6		重要事項の説明義務
7		供託所等の説明義務
8		契約締結時期の制限
9		書面の交付義務
10		割賦販売の契約解除の制限
11		所有権留保等の禁止
12	共　通	不当な履行遅延の禁止
13		秘密保持義務
14		高額の報酬受領禁止
15		報酬額の掲示
16		重要な事実不告知の禁止
17		不当に高額な報酬要求行為の禁止
18		手付貸与の禁止
19		契約締結時の不当な勧誘等の禁止
20		証明書の携帯
21		帳簿の備付け
22		標識の掲示
23		業務を行う場所の行政庁への届け出
24		自己の所有に属しない物件の売買契約の制限
25	宅建業者が売主の場合	事務所等以外の場所でした買受けの申し込みの撤回等（クーリング・オフ）
26		損害賠償額予定の制限
27		手付金の制限
28		瑕疵担保責任の特約の制限
29		手付金等の保全

行う。すなわち，宅建業者は契約が成立するまでに，買主などに対し，一定の事項を記載した書面を交付して宅建士に説明させなければならない（宅建業法第35条）。書面には，宅建士が記名する。売買の際の重要事項説明の項目は表3・16のとおりである。

重要事項を説明するタイミングは，「契約締結前」と規定される。購入意思決定に関わる項目もあることから，極力早い時期に行うことが望ましいが，実態上は，購入意思をほぼ決めて，必要書類などもそろえた段階で説明を受けることも少なくない。重要事項説明を受けた後，最終的な合意を確認すると売買契約が成立する。

② **契約後に書面を交付する**（表3・15の9）　宅建業者と宅建士は，協力して契約成立後に書面を交付する。すなわち，宅建業者は契約成立後，遅滞なく，一定の事項を記載した書面を交付しなければならない（37条書面，宅建業法第37条）。書面には宅建士が記名する。

民法の規定では，契約の書面化が必須ではないが，宅建業法では，不動産取引の安全を確保する観点から，契約成立後遅滞なく37条書面を交付することを義務づけている。売買の際の37条書面に記載する事項は，表3・17のとおりである。必ず記載しなければならない項目（**必要的記載事項**）と特約がある場合に記載する項目（**任意的記載事項**）がある。任意的記載事項は，民法の原則とは異なる内容で契約する，民法の規定にない事柄を取り決めるなど，不動産の売買で問題となりやすい項目である。

売買契約書を作成する場合で，その契約書が37条で書面化することが求められる事項を網羅していれば，売買契約書を37条書面として利用することもできる。

表 3・16 重要事項説明の項目（売買）

1	登記された権利の種類・内容，登記名義人，表題部に記録された所有者の氏名，法人の名称	
2	都市計画法，建築基準法その他の法令に基づく制限（政令で定める）	
3	私道に関する負担に関する事項	
4	飲用水，電気，ガスの供給施設，排水施設の整備の状況，未整備の場合は整備の見通しや負担	
5	宅地造成，建築工事が完了前の場合	ⅰ）宅地の場合：形状，構造，宅地に接する道路の構造，幅員など ⅱ）建物の場合：形状，構造，主要構造部の構造，内・外装仕上げなど
6	区分所有建物の場合	ⅰ）敷地の権利の種類，内容 ⅱ）共用部分に関する規約の内容 ⅲ）専有部分の用途等に関する規約の内容 ⅳ）専用使用権に関する規約の内容 ⅴ）修繕積立金，管理費用に関する規約の内容 ⅵ）計画修繕積立金等に関する規約内容，既存積立金 ⅶ）通常の管理費用の額 ⅷ）管理の委託先：氏名，住所，称号，事務所の所在地 ⅸ）維持修繕の実施状況
7	既存建物の場合	ⅰ）建物状況調査の実施の有無，結果の概要 ⅱ）設計図書，点検記録，建築・維持保全の書類の保存の状況
8	代金，交換差金，借賃以外に授受される金銭の額，当該金銭の授受の目的	
9	契約の解除に関する事項	
10	損害賠償額の予定，違約金に関する事項	
11	手付金等を受領する場合の保全措置の概要	
12	宅地建物取引業者が受領する代金，交換差金，借賃その他の金銭の保証・保全措置の概要	
13	代金，交換差金に関する金銭の貸借（ローン）の斡旋の内容，当該ローン不成立のときの措置	
14	宅地，建物の瑕疵担保責任の履行のための保証保険契約その他の措置の有無，措置の概要	
15	その他利益の保護の必要性に応じて定める事項	

③　**報酬額を制限する**（表3・15の14）　宅建業法では，宅建業者が受領できる報酬の上限が規定され，宅建業者は，事務所に報酬額を掲示しなければならない（表3・15の15）。売買の媒介で売主，買主の片方からもらう報酬額の上限（以下，「媒介報酬」という。）は，表3・18のとおりである。媒介は，両当事者から媒介報酬をもらうことを想定している。

代理は，代理を依頼した者から報酬を得ることが前提で，媒介報酬の2倍まで受領できる。相手方からもらうことも可能であるが，両当事者からもらう報酬額の合計が媒介報酬の2倍を超えることはできない。

専門家の報酬額を法で定めることは稀であるが，法定報酬額は，上限を示すことで消費者保護を図ると同時に，実際に支払う報酬額を減額できる余地を残している。

(c)　**被害者を救済する制度を準備する**

宅建業者と宅建業に関わる取引をした消費者などが，その取引により損害を受けた場合，**営業保証金**から弁済を受けることができる。宅建業者は宅地建物取引に関する不慮の事故に備え，本店について1,000万円，支店について支店ごとに500万円の供託金を供託する。消費者は，この金額の範囲内で弁済を受けることができる。

宅建業者は，供託金を供託しなければ宅建業を開始できず，消費者に対する弁済が発生した場合は，一定期間内に不足することとなった金額を改めて供託しなければならない。

供託に代わる制度として営業保証金の制度があり，これを利用することも可能である。いずれの場合でも消費者は同等に保護される。

表 3・17　37 条書面に記載する項目（売買）

	区　分	項　　目
1	必 要 的 記載事項	当事者の氏名（法人はその名称）・住所
2		宅地建物を特定するために必要な表示
3		代金の額（消費税額を含む），支払時期・方法
4		宅地建物の引渡しの時期
5		所有権移転登記の申請の時期
6	任 意 的 記載事項	代金以外の金銭の授受に関する定めがあるときは，その額，授受の時期，目的
7		契約の解除に関する定めがあるときは，その内容
8		損害賠償額の予定，違約金に関する定めがあるときは，その内容
9		代金について金銭の貸借（ローン）の斡旋に関する定めがあるときは，当該ローン不成立の時の措置
10		天災その他不可抗力による損害の負担（危険負担）に関する定めがあるときは，その内容
11		瑕疵担保責任について定めがあるときは，その内容
12		取引物件に係る租税その他の公課の負担に関する定めがあるときは，その内容

表 3・18　報酬額の上限（売買）

	物件の価額	率
1	200 万円以下の部分	100 分の 5.4
2	200 万円を超え 400 万円までの部分	100 分の 4.32
3	400 万円を超える部分	100 分の 3.24

注）　率については，消費税率が 8% のときのものである。

(d)　不動産の売買の特徴（37 条書面の記載内容）

売買契約の概要については，第 1 節「不動産の所有と利用」のとおりであるが，実際の不動産取引においては，法律に規定のない金銭の授受がなされることがあり，契約の解除について取り決めることもある。

宅建業法では，不動産売買における特徴的な項目について，37 条書面の記載内容として注意喚起をしている。

① 引渡しの時期（表 3・17 の 4）　　不動産売買では，新規開発中の土地や建物が未完成の段階で契約することがある。また，既存建物の売買では，売主が入居している状態で契約することがある。このような売買では，契約成立時点で引渡すことができないため，契約日とは別に**引渡しの時期**を定める[5]。

② 代金の支払時期（表 3・17 の 3）　　売主の引渡しと買主の代金支払は同時履行の関係にあり，引渡し日を**代金の支払時期**とすると取り決めることが一般的である。

③ 所有権移転登記の申請の時期（表 3・17 の 5）　　登記簿上の所有者名義を変更することも重要である。契約成立によって所有権が買主に移転することが基本であるが，不動産売買には，①や②のような特徴があることから，**所有権移転登記の申請の時期**をこれらと同日とするなどの定めをする。

④ 代金以外の金銭の授受（表 3・17 の 6）　　代金以外の代表的なものに，手付金がある。手付金には，契約が成立した証として支払う側面（証約手付）と併せて，手付金を放棄すれば解約できる側面がある（解約手付）。手付金を払うことは無駄に見えるとしても，手付金を戻してもらうことを断念（放棄）すれば解約でき，契約が履行される場合は売買代金に充当されることから，一定金額の手付金を支払うことには合理性がある。

代金以外の金銭を授受する場合は，その時期，額，目的を記載する。宅建業法では，宅建業者が売主となって売買契約を結ぶ場合，売買代金の 2/10 を超える手付金は受領できない。

⑤ 契約を解除する方法（表 3・17 の 7）　　一度成立した契約を，後になって解除したいと考えることがある。相手方が解除に合意して

5）　第 1 節「不動産の所有と利用」p. 28 参照。

くれれば問題なく解除でき（**合意解除**），合意がない場合でも，相手方に債務不履行があれば解除できる。宅建業法では，相手方が合意しない場合でも解除できる場合を規定している。

ⅰ．**手付解除**　④の記述のとおり，手付金を放棄することで契約を解除することができる。

ⅱ．**ローン利用特約解除**　ローンが利用できることを前提に売買契約を結んだ場合，売買契約後に行う金融機関の審査の結果，融資不可となると契約の履行（代金の支払）が困難となる。当初予定していたローンが利用できないことが判明した場合に，ペナルティなしに契約解除できる特約をしておけば，**ローン利用特約解除**することができる。

ⅲ．**瑕疵担保責任による解除**　民法が規定する一般的な内容であるが，不動産，特に建物の売買で問題となることが多い。民法の規定は任意規定[6]で，実際の取引においては責任を負う期間を特約することも少なくない[7]が，宅建業法では，宅建業者が売主となる場合の特約は，引渡しから2年以上とすることを求めている。

ⅳ．**クーリング・オフによる解除**　宅建業法では，売主が宅建業者の場合で，宅建業者の事務所以外の場所など，必ずしも冷静な判断が期待できないところで行った購入の申し込みや売買契約は，**クーリング・オフ**による撤回や解除ができると規定している。クーリング・オフができる期間は，クーリング・オフの制度について説明を受けてから8日以内である。

（4）　適切な取引の仕組みと制度

不動産，特に建物の取引では，取引しようとする不動産がどのような状態にあるか，十分な情報がないまま意思決定をしなければならないケースがある。建物の床下，壁の中，天井裏などの使用資材や劣化状況が確認できないなどがその例である。また，売主や貸主が把握している状況が，買主や借主には適切に伝えられていないこともある。このような状況を改善し，不動産取引の意思決定を，根拠に基づいて客観的に行える環境を整備することが求められている。

（a）　建物状況調査を行う

宅建業者は，既存の建物の取引時の情報提供の充実を図るため，媒介の依頼者に対し，建物状況調査を実施する者を斡旋するほか，建物状況調査の結果の概要等を重要事項として説明する。

売買契約の成立時には，建物の状況について，当事者双方が確認した事項を記載した書面を交付する（2018年4月施行改正宅建業法）。

建物状況調査は，研修を受けた建築士が建物の状況を調査し，調査結果を報告書に取りまとめる。消費者は，専門家の調査結果を取引の意思決定に利用するほか，瑕疵担保保険の加入に利用する。

瑕疵担保保険は，売主の瑕疵担保責任が機能しにくい[8]ことを補完する制度で，売買した建物に瑕疵が見つかったときに，買主に保険金が支払われる。売主が予め保険に加入する際，保険に加入する基準を満たす建物であることを確認するための建物調査が求められる。

6）　法律の内容と異なる取り決めをすることが認められる条項。これが認められない場合を，強行規定という。
7）　第1節「不動産の所有と利用」p. 27 参照。
8）　第1節「不動産の所有と利用」p. 27 参照。

50 第3章 建築のライフサイクルに関わる不動産の法と制度

(b) 情報を蓄積し利用する

どのような住宅であるかを示す情報を新築時から蓄積しておけば，後に発生する取引やリフォームの内容を決定する際の判断材料として利用できる。建築設計図書や建築確認申請図書など，一定期間保管することが義務づけられているものもあるが，保管する主体が

さまざまである，保管する期間が短い，利用しようとしても制約がある，などの問題がある。一方で，所有者が全般的に保管する社会

表3・19　住宅履歴情報の蓄積項目（新築時）

項目名	項目名の説明	該当する書類・図面名称例（① 書式・書類名称，② 図面名称）	
A1	建築確認	建築確認や完了検査などのために作成・受領	地盤調査	① 地盤調査報告書，スウェーデン式サウンディング試験結果等
			建築確認	① 確認申請書，建築計画概要書，確認済証 ② 各階平面図，立面図，断面図等の申請図
			工事監理	① 工事監理報告書 ② 工事監理報告書に添付される図書一式
			完了検査	① 完了検査申請書，検査済証 ② 申請に必要な図書一式
			開発行為	① 開発行為許可申請書，許可通知書 ② 土地利用計画図，造成計画平面図等
A2	住宅性能評価	住宅性能評価書や性能評価のために作成	設計住宅性能評価	① 設計住宅性能評価申請書，評価書 ② 自己評価書，設計内容説明書等の申請図
			建設住宅性能評価	① 建設住宅性能評価申請書，性能評価書 ② 設計評価申請添付図書，施工状況報告書等
A3	長期優良住宅認定	認定手続きのために作成		① 長期優良住宅建築等計画，認定通知書
A4	新築工事関係	竣工時点の建物の現況が記録された図面や書類		② 竣工段階の設計図書：意匠，構造，設備，設備機器等の書類・図面

表3・20　住宅履歴情報の蓄積項目（新築後）

項目名	項目名の説明	該当する書類・図面名称例（① 書式・書類名称，② 図面名称）	
B1	維持管理計画	維持管理に役立つ，点検や修繕の目安となる情報		① 長期修繕計画，メンテナンスプログラム，点検プログラム，点検システム等
B2	点検・診断	点検や診断・調査を行った時に作成	自主点検	① 点検・補修記録シート
			サービス点検	① 調査・診断結果報告書，定期保守点検報告書
			法定点検	① 定期調査報告書 ② 調査結果表，調査結果図，関係写真等
			住宅診断	① 住宅診断報告書，耐震診断報告書，アスベスト使用調査報告書
			耐震基準適合	① 耐震基準適合証明書 ② 耐震診断チェックシート，建物外観写真等
B3	修繕	修繕工事を行った時に作成	計画修繕	① 完了日，工事業者，工事内容を示す書類 ② 修繕工事図面，工事記録写真
			その他の修繕	① 修理完了日，修理内容を示す書類 ② 雨漏り等補修工事図面，工事記録写真
B4	リフォーム・改修	リフォーム・改修工事を行った時に作成		① 完了日，工事業者，工事内容を示す書類 ② 耐震補強工事図面，改修工事記録写真等
B5	認定長期優良住宅の維持保全	認定長期優良住宅に保存が義務付けられる		① 維持保全を委託した場合，契約書，実施報告書等
B6	住宅性能評価	住宅性能評価書や性能評価を受けるために作成	建設住宅性能評価	① 建設住宅性能評価申請書，性能評価書等 ② 建設評価申請添付図書，施工状況報告書等

慣行がないため，情報の散逸がまぬかれない。

既存建物を長期に継続利用する要請の高まりに伴って，建物情報を蓄積利用する重要性も高まっている。「いえかるて」は，これに対応することを目的に，統一的なルールに基づいて住宅履歴情報の蓄積と活用推進を図るものである。蓄積する情報の項目は，新築時（表3・19）だけでなく，新築後（表3・20）に及び，取引の意思決定やリフォーム工事内容の決定に利用する。

(c) 不動産広告のルールを守る

不動産は，個別性が高く，外見からは判断できない部分がある，時の経過とともに内容が変化する，などの特性があり，不動産の広告は，この特性を適切に伝えるものでなければならない。不動産の広告に関して，宅建業法，不当景品類及び不当表示防止法（以下，「景品表示法」という。）などの法律により適正化が図られ，「**不動産の表示に関する公正競争規約（公正競争規約）**」が実質上のガイドラインとなっている。また，消費者契約法も制定されている。

① 宅建業法のルール　宅建業法では，ⅰ）契約開始時期の制限（青田売りから消費者を守る），ⅱ）取引態様の明示（業者の立場の明確化），ⅲ）誇大広告の禁止（消費者に誤認させない）などを定めている。景品表示法は，ⅳ）商品の品質，規格等の内容（所在・規模・形質・環境など），ⅴ）取引条件などの表示（価格・賃料・支払方法・ローンの条件など），ⅵ）不当表示の禁止（おとり広告など）を定めている。

② 公正競争規約のルール　公正競争規約は，景品表示法の規定に基づき，不動産業界が自主的に定め，公正取引委員会の認定を受けた不動産広告のルールであり，主な内容は，表3・21のとおりである。公正競争規約は，不動産公正取引協議会連合会および全国9地区に設置された不動産公正取引協議会によって運用されている。

不動産公正取引協議会に加盟する業界団体の会員業者が公正競争規約の規制を受ける。協議会に所属している業者には，図3・14のようなマークが表示されている。

宅建業者の不当な表示に基づいて売買などの契約を締結した場合でも，排除命令などの行政処分や違約金など規約が定める措置の対象にはなるものの，原則として契約には影響がない。このため，宅建業者の不適切な情報に基づいて契約を締結した場合に，消費者に契約の取消権を与える**消費者契約法**が制定されている。

消費者契約法は，不実告知，断定的判断の提供，不利益事実の不告知の3類型について消費者が取り消しうることを定めている。

図3・14　公正競争規約加盟店のマーク

52　第3章　建築のライフサイクルに関わる不動産の法と制度

表3・21　不動産の表示に関する公正競争規約の内容

1	**広告等の開始時期の制限**			
	1)	宅地の造成工事完了前の宅地の広告，建築工事完了前の建物の広告		
	2)	適用除外：建築条件付土地取引における建物の表示・自由設計型マンション企画に関する広告表示		
2	**必要な表示事項**			
	1)	明瞭な表示：見やすい場所，見やすい大きさ，見やすい色彩		
	2)	物件種別・媒体別の必要な表示事項		
	3)	必要な表示事項の特例：予告広告，副次的表示，シリーズ広告		
	4)	必要な表示事項の適用除外：ネーミング募集広告，展示会等の開催案内広告，住宅友の会等の募集広告，企業広告		
3	**特定事項の明示義務**			
	●消費者が通常予期することができない物件の欠陥で，消費者にとって著しく不利益となる事項，該当があれば必ず表示			
	1)	市街化調整区域内の土地	9)	地下鉄のために地上権が設定されている土地
	2)	建築基準法の道路に面していない土地	10)	傾斜地を含む土地
	3)	敷地形態に対する制限（条例で附加）に適合しない土地	11)	著しい不整形地，特異な地勢の土地
	4)	路地状敷地	12)	擁壁におおわれていない崖上，崖下の土地
	5)	セットバックを要する土地	13)	計画道路等の区域内の土地
	6)	古家・廃屋等がある土地	14)	工事を中断した住宅・マンション
	7)	沼沢地・湿原または泥炭地等	15)	建築条件付きの宅地
	8)	高圧線下の物件	16)	国土利用計画法の許可・届出
4	**表示基準**			
	ⅰ）物件の内容・取引条件に係る表示基準			
	1)	取引態様（売主・代理・媒介・貸主）	17)	納戸
	2)	物件の所在地	18)	遮音・断熱の性能
	3)	最寄駅までの所要時間	19)	地目
	4)	利用できる公共交通機関	20)	造成材料，建築材料
	5)	新設予定の駅，バス停留所	21)	建物のリフォーム等の内容・時期
	6)	電車，バス等の所要時間	22)	写真
	7)	自動車の所要時間	23)	完成予想図等
	8)	距離・時間の起点・着点	24)	水道
	9)	団地と駅等の施設との距離・所要時間	25)	ガス
	10)	徒歩所要時間の計算	26)	温泉
	11)	自転車所要時間の表示	27)	団地内の娯楽・運動施設
	12)	工区に分けた開発	28)	設置予定の公共・公益施設
	13)	面積の表示方法	29)	生活関連施設
	14)	土地の面積	30)	価格・賃料
	15)	建物の面積・マンションの専有面積	31)	管理費・共益費・修繕積立金
	16)	畳数の表示	32)	住宅ローン
	ⅱ）節税効果等の表示基準			
	ⅲ）入札および競り売りの場合の表示基準			
5	**特定用語の使用基準**			
	ⅰ）用語			
	1)	新築	4)	リビング・ダイニング・キッチン（LDK）
	2)	新発売	5)	宅地の造成工事の完了
	3)	ダイニング・キッチン（DK）	6)	建物の建築工事の完了
	ⅱ）合理的な根拠を示す資料を有している場合を除き，使用禁止			
	1)	全く欠けるところがないことを意味する用語	☞	完全，完璧，絶対，万全
	2)	他の事業者よりも優位に立つことを意味する用語	☞	日本一，日本初，業界一，超，当社だけ，他に類を見ない，抜群
	3)	一定基準により選別されたことを意味する用語	☞	特選，厳選
	4)	最上級を意味する用語	☞	最高，最高級，極，特級
	5)	価格や賃料が著しく安いという印象を与える用語	☞	買得，掘出，格安，投売り，破格，激安，バーゲンセール，安値
	6)	売行きがよいという印象を与える用語	☞	完売
6	**不当表示の禁止**			
	1)	不当な二重価格表示	3)	不当な比較広告
	2)	おとり広告	4)	実際のものよりも優良であると誤認されるおそれのある表示

第3節　不動産の価格と税金

3・1　土地と建物の価格を推定する
(1) 価格評価の方法を知る
(a) 不動産の価値と価格

不動産の経済的な価値を示す方法として，単位面積当たりの価格が用いられる。国土交通省土地鑑定委員会が，毎年1月1日の土地価格を公示する**地価公示**は代表的な例で，1 m² 当たりの土地価格を公示する。

地価公示価格が示す「正常な価格」とは，「自由な取引が行われるとした場合に通常成立すると認められる価格」である。市場で取引することができる不動産について，現実の社会経済情勢の下で，合理的と考えられる条件を満たす市場で形成される**市場価値**を表示したものが価格である。

地価公示価格は，不動産鑑定士が行う**不動産鑑定評価**で求める価格に基づいて決定する。不動産鑑定評価基準によれば，不動産の鑑定評価は「不動産の**経済価値を判定し，これを貨幣額をもって表示すること**」で，**価格の三面性**（原価性・収益性・市場性）に対応し，原価法，収益還元法，取引事例比較法を併用して，それぞれ積算価格，収益価格，比準価格を求め，最終的に1つの鑑定評価額を導く[1]。

不動産の価格は，市場で取引することを前提に，その不動産が有する価値のうち経済価値として顕在化する部分を貨幣額で表示したものである。

これに対し，市場における交換を目的としない，特別の思いで利用を継続するなど，必ずしも経済価値に含まれない価値がある。これを利用価値とすると，利用価値には，誇り・満足，愛着・思い入れ，地域・環境との均衡などがある。利用価値は個々の利用主体のなかにあるが，価値観の共有が進むと，売買などを通じて経済価値として顕在化する。さらに，造形・景観的価値，歴史・文化的価値，象徴・精神的価値などがあり，これらを含めて社会的価値が形成される（図3・15）。

(b) 価格の三面性と価格評価の3方式

市場で取引可能な財の価格は，その財をつくるために必要な費用の側面（原価性；コストアプローチ），その財を使って得られる収益の側面（収益性；インカムアプローチ）および，市場での取引交渉の結果成立する側面（市場性；マーケットアプローチ）の三側面がある（図3・16）。価格評価の方法には，価格の三面性のそれぞれに対応する以下のものがある。

① **コスト・アプローチ〜原価法（積算価格）〜**　不動産を新規に入手するために必

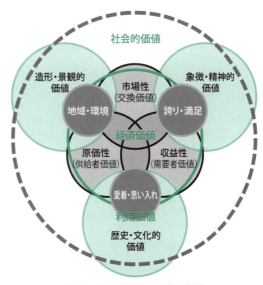

図3・15　不動産の価値と価格

---

1) 次ページ図3・16を参照。

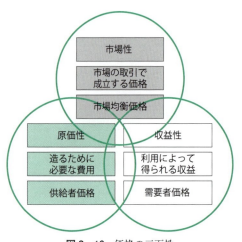

図 3・16　価格の三面性

要なコストに着目して価格を求める方法で，価格評価の基本式は式（3・1）のとおりである。

　○積算価格＝再調達原価－減価修正額
　　　　　　　　　　　　　　……（3・1）

建物の再調達原価は，価格時点において新規に再建築することを想定した場合のコストで，新築後の経年で生じる劣化や摩耗などによる価格の低下が減価修正額である。

コストを重視することから，供給者サイドの価格という側面がある。

② インカム・アプローチ～収益還元法（収益価格）～　収益価格は，対象不動産の収益性に着目して価格を求める方法で，予想される将来の純収益の現在価値の総和を求める。価格評価の基本式は式（3・2）のとおりである。

$$P = \sum_{i=1}^{n} \left\{ B_i \times \frac{1}{(1+r)^i} \right\} \quad \cdots\cdots (3・2)$$

　P：収益価格，　B_i：i 年目の純収益，
　r：還元利回り

利用して得られる収益を重視することから，需要者サイドの価格という側面がある。

③ マーケット・アプローチ～取引事例比較法（比準価格）～　比準価格は，類似の不動産の取引価格に着目して価格を求める方法で，価格評価の基本式は式（3・3）のとおりである。

　○比準価格＝取引価格×事情補正率
　　　　　×時点修正率×地域要因格差修正率
　　　　　×個別的要因格差修正率　……（3・3）

取引をしたい供給者と需要者が交渉して折り合った取引価格に注目して価格を求める方法で，需給均衡の価格という側面がある。

(2)　土地の価格と建物の価格

(a)　土地と建物

日本では，土地と建物に別々の所有権があり（基本原則1），それぞれ価格を評価することが制度的に要請される。一方，英米法の国では建物に独立の所有権はなく，土地所有権に包含される（表3・22）。土地価格に建物部分を含むことから，建物独自の価格を考える必要は少ない。

英米法の社会システムでは，まず不動産価値を評価する。不動産全体について良いものは高く，悪いものは安い。また，土地価格相当額と建物価格相当額に分離する場合でも，建物価格相当額を所与とするわけではない。不動産を良い状態にすることが価値を維持，向上させるポイントで，そのために，建物や敷地の保全，維持改修に努める。また，外構や植栽も重要な価格形成の要因として価値のある状態に保つことに努める。さらに，適切な利用状態や管理状態を実現するためのコミュニティの状況も不動産価値を構成する。不動産価格に，その不動産の良い点を網羅的に包含する「加算型評価」が行われる。

一方，日本では，土地価格と建物価格に区分けする際に「減算型評価」が行われる。土地建物一体の不動産価格を，土地か建物に区別する必要があり，土地でも建物でもない外構や植栽は，有形で価値があるにもかかわら

第3節　不動産の価格と税金　55

表3・22　不動産所有権と価格の比較

	日　本	英　米
概念図	建物(価格)／不動産(価格)／土地(価格)	不動産(価格)＝土地(価格)
構　成	・土地と建物に個別の所有権と価格がある。 ・不動産価格は，土地価格と建物価格の合計である。 ・減算型評価になりやすい。	・建物独自の所有権はない。 ・不動産価格（土地価格）に建物価格を含む。 ・加算型評価になじむ。

ず価格の行先がない。また，居住者意識やコミュニティなどは，地域秩序の持続可能性を示唆する重要な価格形成要因であるにもかかわらず，無形であり，不動産価値の形成として認知されにくい。

「減算型評価」で価格から除外されるものは，不動産や地域のマネジメントに関連するもので，このことが日本で建物の長寿命化や地域価値の熟成を困難にする側面がある。

(b)　土地建物一体の価格評価（複合不動産の評価）

土地と建物を別々の不動産として，それぞれに所有権と価格を認める日本の不動産制度では，鑑定評価の3方式の適用も特徴的なものとなる。建物とその敷地を一体のもの（複合不動産）として価格を求める場合に適用される評価方法は，表3・23のとおりである。

①　原価法　建物に適用可能な一方，土地については，造成などによってもう一度新規に築造することを想定することが非現実的なため，適用できない。複合不動産の価格は，土地価格を取引事例比較法か収益還元法によって求め，これに建物価格を加算して求める。

②　取引事例比較法　土地に適用することは，広く普及している一方，建物に適用することは行われていない。英米では土地建物全

表3・23　複合不動産の評価方法（日本）

	原価法	取引事例比較法	収益還元法
土地価格	適用できない	◎[※1]	△（土地残余法）
建物価格	◎[※2]	×	△（建物残余法）
土地建物価格	○[※3]	×	◎

※3　土地は比準価格[※1]，建物は積算価格[※2]で求めて合計する。

体について適用される。

③　収益還元法　家賃収入を収益還元すると，土地と建物の合計価格が求まる。土地だけの収益価格や建物だけの収益価格を求めることは一般的とはいえない。

(c)　建物の価格評価

①　新築後の経過年数と建物価格　図3・17は，新築後の経過年数と建物価格の関係を示したものである。建物の価格は新築時が最も高く（P5），時の経過に伴って低下し，耐用年数の到来によって0となる（T5）。P5とT5を結ぶ線は各種考えられるが，一般的に直線で表現する（C1）。

既存建物となったT3の時点で追加投資すると価格が上昇（P2→P4）するとともに，耐用年数が伸びる（T5→T6）。

T4時点の価格P3を導く方法として，表3・24の方法がある。耐用年数修正法を用い

ることが多いが，P3ではなくP3'で近似して評価する。追加投資直後の価格転嫁率が低い一方，時間が経過すると価格転嫁率が逓増する矛盾がある。

再調達原価修正法は，追加投資を新築時の再調達原価に置換するもので，追加投資の根拠が残されていればP3を導くことができる。

経過年数修正法は，米国で採用される方法である。経過年数の修正を適切に行うことができれば，簡便にP3を導くことができる。

② 建物の積算価格の試算　建物価格は，積算価格で求めることが多い。新築後特段の追加投資をしていない場合は，図3・17のC1に沿い，式（3・1）に適切な数値を代入する。

C1は毎年一定額で減価する方法で定額法といわれる。

再調達原価は，対象不動産を価格評価時点において，新たに入手することを想定した場合に必要とされる原価の総額である。建築工事費のみならず，建築設計監理費や別途工事費相当額などを含む。

減価修正で考慮する減価の要因は，物理的要因だけにとどまらず，機能的要因と経済的要因も考慮する。つまり，時間の経過に伴う劣化等の物理的な性能の低下がもたらす価値の減少のほかに，まだ性能はあるものの社会が要求する性能水準が上昇したために，評価時点で保有している性能ではもはや市場が低い価値しか認めないことを背景とする価値の減少（機能的要因）や，地域が衰退し性能を適切に評価して購入する市場がなくなってい

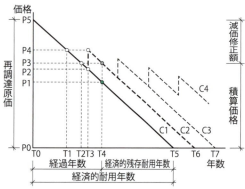

図3・17 建物の価格の経年変化

表3・24 追加投資の価値の反映方法

方法	方法1	方法2	方法3
仮称	耐用年数修正法	再調達原価修正法	経過年数修正法
イメージ図			
考え方	・更新・改修工事によって，耐用年数が延びることに注目（T5→T6） ・P5とT6を結ぶ直線により更新・改修工事の価格効果を表示 ・更新・改修工事直後の価格転嫁率が低く，経過すると高くなる矛盾	・更新・改修工事によって価格が上方にスライドすることに注目（P2→P4） ・上方スライドさせた価格線P6-T6が積算価格を表示 ・多様な更新・改修工事を簡便に評価することが可能	・更新・改修工事によって経過年数が左方に移動することに注目（T3→T1） ・当初の価格曲線を利用することが可能 ・経過年数をどれだけ修正するかの修正基準が必要

ることを背景とする価値の減少（経済的要因）といった価値の減少がある。

これらを考慮して経済的残存耐用年数を予想する。つまり，耐用年数は法定耐用年数にこだわらず，設計や施工の程度，維持管理の程度などを勘案する。以上をもとに減価修正額を，式（3・4）で求めて式（3・1）に代入すれば，建物の積算価格を求めることができる。

○減価修正額＝再調達原価×経過年数
　　　　　　÷（経過年数＋経済的残存耐用年数）
　　　　　　　　　　　　　　　　……（3・4）

③　建物の性能と評価　建物の性能は価格と密接に関係するが，完全に一致するとは限らない。性能が高くてもオーバースペックで需要がない，場違いな場所に建っていて建築費が嵩んでいる，時代遅れで機能的でないなどの場合がある。

建物の性能は，大きく分けて意匠，構造，設備によって規定されるが，価格評価の3方式ごとに建物の性能と価格の関係をみると以下のとおりである。いずれの方法も建物の性能を価格に反映する理論をもっていないのが現状である（図3・18）。

積算価格（原価法）では，① 性能と価格は正比例するという前提のもと，② 性能が高い建物は工事費が高く，③ 性能によって建物の耐用年数が決定され，④ 経年により性能と価格が一定割合で減少すると考えて，建物性能を価格に反映する。

収益価格（収益還元法）では，① 性能が高い建物は家賃が高く，② 性能が還元利回りに反映され，③ 資本還元の方法を選択することによって建物性能を価格に反映する。

比準価格（取引事例比較法）では，① 取引価格は取引事例の性能によって決定され，② 取引事例と評価対象不動産の性能を比較

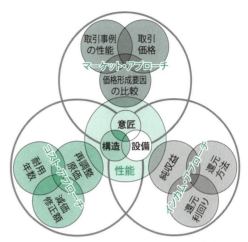

図3・18　建物の性能と価格評価の3方式

することで，③ 評価対象不動産の価格を求めることができると考えて，建物性能を価格に反映する。

3・2　土地と建物の価格を調べる

(1)　土地価格を調べる

(a)　地価公示・地価調査の価格

適正な価格がわかりにくい土地取引で，不当な利得や損失が生じることがないよう，土地取引の指標とするための公的なデータが提供されている。地価公示法（1969（昭和44）年）に基づく土地価格の公示制度がその代表である（地価公示）。全国で2万数千か所の標準地について，1月1日の価格が公示され，状況が類似する標準地の価格から，それぞれの土地価格を類推することができる（図3・19，表3・25）。

地価急騰期には，騰貴する地価抑制のために土地取引予定価格の届出制が導入され，届出価格の妥当性を判断するために，国土利用計画法（1974（昭和49）年）に基づき土地価格が公表されるようになった（地価調査）。地価調査の価格時点は7月1日で，全国で2万数千か所の価格が公開され，地価公示と同様に利用できる。地価公示，地価調査の価格

58　第3章　建築のライフサイクルに関わる不動産の法と制度

図3・19　地価公示・地価調査の場所と価格を示す地図

表3・25　地価公示の標準地の価格その他の概要

標準地番号	浦安-12	調査基準日	平成31年1月1日
所在及び地番	千葉県浦安市海楽1丁目19番16（地図で確認する）		
住居表示	海楽1-18-8		
価格（円/m²）	261,000（円/m²）	交通施設，距離	新浦安，1,200m
地積（m²）	184（m²）	形状（間口：奥行き）	(1.0：2.5)
利用区分，構造	建物などの敷地，W（木造）2F		
利用現況	住宅	給排水等状況	ガス・水道・下水
周辺の土地の利用現況	一般住宅の中にアパートが見られる住宅地域		
前面道路の状況	北西　5.0m　市道	その他の接面道路	
用途区分，高度地区，防火・準防火	第一種低層住居専用地域	建ぺい率（%），容積率（%）	60（%），150（%）
都市計画区域区分	市街化区域		
森林法，公園法，自然環境等			
鑑定評価書	詳細表示		

は，取引の指標とするために開示されるもので，価格水準は実際の取引価格相当[2]である。もとより，地価公示価格などに相当する価格で取引することが義務づけられているわけではなく，地価上昇局面では，先高観から地価公示価格などよりも高い価格で取引されることもある一方，地価下落局面では低い価格でしか取引できないこともある。

2006（平成18）年から，国土交通省により町丁を示さない形で実際の取引価格情報が提供されている。地価公示や地価調査が不動産鑑定士による不動産鑑定評価をベースにしているのに対し，実際に取引された価格を見ることができる。

(b)　固定資産税評価額（課税台帳登録価格）

土地と建物には，市町村税として固定資産税が課税される（賦課税）。市町村にとって固定資産税は貴重な固有の税収であり，担当部署を設けて適切な徴税に努めている。そのために，土地について1筆，建物について1

---
[2]　実勢価格ということがある。

棟ごとに適切な評価を行う。固定資産税課税上の資産価値評価は毎年所有者に送付され，これを見れば評価額がわかる。所有者にとっては，最も簡便な建物の資産価値の調べ方であるが，次のような課題もある。

固定資産税課税上の評価であり，売買する場合の取引価格を直接規定するものではない，所有者本人以外の者，例えば，買主が購入予定の不動産の評価額を見ようとしても見ることはできない，課税上の評価額に例外措置があり，どれが本当の数字か見誤る可能性がある，などである。

土地所有者以外の者が固定資産税の評価額の概要を知るには，固定資産税路線価を見る方法がある。市町村が路線価を開示し，インターネットで閲覧可能である。

路線価は，次に説明する相続税で古くから採用されている方法であり，土地の価格を評価する手がかりとするために，道路に土地価格を表示するものである。表示された数値がその道路に面する標準的な規模と形状の土地の単価を示す。実際の土地は，規模や形状がさまざまでそれが土地価格に影響を与えるため，路線価＝それに面する土地の価格ではないが，土地価格の目安として利用できる。固定資産税路線価は，**地価公示価格の70％**で評価することが目安となっている。

(c) 相続税路線価

相続税は，納税者の申告に基づいて課税する税（申告税）で，納税者が財産額を評価する前提であるが，評価が困難なことから財産評価基本通達が定められており，これを利用することが多い。

宅地の評価には，路線価方式か固定資産税評価額に一定の倍率を掛ける方式（倍率方式）があり，前者は市街地で，後者は他の地域で用いる。**路線価方式**は，路線（道路や水路）に面して想定した標準的な宅地の課税上の価格（時価）を示す路線価図を用いる（図3・20）。路線価は**地価公示価格の80％**を目安としている。路線価の評価日（1月1日）から相続までの地価下落や評価の誤差を考慮してもなお，評価額が実勢価格を上回らない，言い換えると税金を取りすぎないための配慮である。

相続する宅地の奥行が長い，角地である，

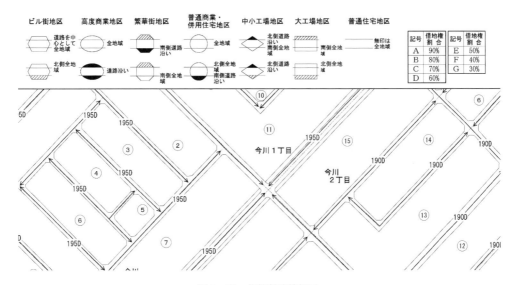

図3・20 相続税路線価図

表3・26 宅地の形状と補正率

宅地形状等	奥行価格補正率			
	奥行距離 (m)	地区区分		
		高度商業地区	普通商業・併用住宅地区	普通住宅地区
(図: 25m×38m、950m²、路線価200C、普通商業・併用住宅地区、借地権割合70%)	4未満	0.90	0.90	0.90
	4以上6未満	0.92	0.92	0.92
	6 〃 8 〃	0.94	0.95	0.95
	8 〃 10 〃	0.96	0.97	0.97
	10 〃 12 〃	0.98	0.99	
	12 〃 14 〃	0.99		1.00
	14 〃 16 〃		1.00	
	16 〃 20 〃	1.00		
	20 〃 24 〃			
	24 〃 28 〃			0.99
	28 〃 32 〃			0.98
	32 〃 36 〃		0.98	0.96
	36 〃 40 〃		0.96	0.94

不正形などの個別的要因がある場合，準備された**補正率表**などを使って，奥行価格補正，側方路線影響加算，不整形地補正などを行って，評価額を求める（表3・26，表3・27）。

(2) 建物価格を調べる

(a) 固定資産税評価額（家屋）

① 家屋評価の考え方　建物は木造と非木造に分けて評価する仕組みで，準備された評点表に基づいて評価される。まず，建物に用いられている資材の評点数を合計して再建築費評点数を求める。次に，損耗の状況による減点補正率などで補正して，実情に沿った評点数を求め，これに評点1点あたりの価額を掛けて評価額とする（図3・21）。経年による減価も考慮するが，物価上昇がある，耐用年数を超えた場合の利用価値を評価すること

表3・27 相続税路線価を用いた土地価格の評価

路線価（千円/m²）①	奥行価格補正率②	単価（千円/m²）③＝①×②	面積（m²）④	総額（千円）⑤＝③×④
200	0.96	192	950	182,400

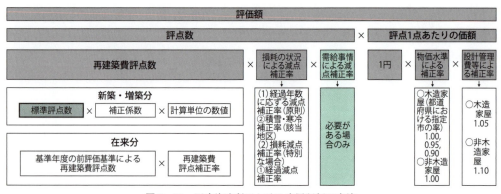

図3・21 固定資産税における家屋評価の方法

などのため，会計上の減価ほど急激な減価とはならない。また，耐用年数を超える場合でも評価額は0とならず，存続することに対して一定の評価額で継続的に課税される。

② 評価額の調べ方　建物所有者が市町村役所で調べることが基本である。代理人が調べる場合は，代理権があることを示す委任状を持参する。

3・3　税額を予測する

(1) 不動産にかかる税金

(a) 土地と建物の税金の概要

土地や建物の取得，保有，譲渡，収益などに対して，税金が課税される（表3・28）。税額は，一般に，次式で算出する。

○税額＝課税評価額×税率　……（3・5）

このほか，税額が一定額に決められているものや，土地や建物以外の収益などと一体的に課税されるものがある。

評価額，税率，税額のそれぞれに**例外規定**が設けられることも多く，規定が頻繁に見直されることも特徴である[3]。

(b) 取得にかかる税金（図3・22）

① 不動産取得税　土地および家屋の取得に対してかかる都道府県税である。売買，交換，贈与，建築等による取得について課税される。課税評価額は市町村の固定資産税評価額を用いる。

② 印紙税　売買契約書や請負契約書作成のときにかかる国税である。契約書に収入印紙を貼り，消印することにより納付する。税額は，売買契約と請負契約の契約金額に応じて決定される。金銭消費貸借契約などにも課税される。

③ 消費税　土地の売買は非課税，土地の賃貸収入については原則非課税である。建物の建設，売買，賃貸は原則として課税される。ただし，住宅用建物の賃貸は非課税である。

④ 特別土地保有税　土地の投機的な取引による地価上昇を抑制する目的の税金で，一定要件の土地の保有と取得に課税される。

⑤ 事業所税　事業を営んでいることに対する税金で，一定要件の事業所の新増設に課税される。

⑥ 相続税　相続財産を評価し，法定相続人数に応じた控除額を控除するなどによって求めた額に応じた税率を掛けて税額を求める。

表3・28　土地と建物の税金の種類

取得にかかる税金	不動産取得税，相続税など
保有にかかる税金	固定資産税，都市計画税など
収益にかかる税金　法人	法人税
個人	所得税

※広い意味では相続税，贈与税も不動産の取得にかかる税金である。

図3・22　不動産の取得にかかる税金

---

3) (b)以降に示す税の税率は，原則税率である。必要に応じて各時点で適用されている特例税率などを確認する必要がある。

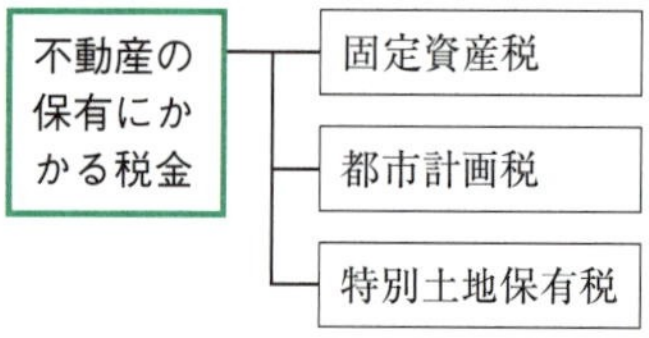

図3・23 不動産の保有にかかる税金

図3・24 個人と法人の税

(c) 保有にかかる税金（図3・23）
① 固定資産税　土地や家屋を保有していることに対する税金で，最も一般的なものは**固定資産税**である。毎年1月1日時点の所有者に課税される市町村税で，市町村の重要な財源となっている。課税評価額は市町村が土地と家屋を評価し，3年ごとに評価額の見直しを行う。税率は，市町村の条例で定められ，標準税率である1.4%を採用することが多い。

地価急騰期の見直しにより，土地について，課税標準額が地価公示価格の70%程度まで高められた。この際の急激な税額の上昇を緩和するため，**負担調整措置**が導入されている。住宅用地については，面積200 m² 以下は評価額が1/6となり，それを超える部分は1/3となる。この特例は，共同住宅については，1住戸あたりの土地面積により適用される。

建物は，固定資産税や都市計画税では家屋と表記され，木造と非木造に分けて評価される（評価の考え方は図3・21参照）。新築住宅や耐震改修を行った家屋で税額の特例が認められる。

② 都市計画税　都市計画事業を行うために，原則として市街化区域内の土地と家屋に市町村が課税する。課税評価額は固定資産税評価額を用い，税率の上限は0.3%である。住宅用地の課税標準額について，200 m²までは1/3，それを超えた部分については2/3まで減額される。共同住宅の場合の土地面積の判定は固定資産税と同様である。

(d) 収益にかかる税金（図3・24）
① 法人　法律上の人格をもち，権利や義務の主体として法律行為をすることができる人には，**自然人**と**法人**がある。自然人は生きている人間であり，法人は，民法その他の法律の規定によって成立し（第33条），法令の規定に従い，定款その他の基本約款で定められた目的の範囲内において権利を有し，義務を負う（第34条）。

法人が建築プロジェクトにより利益を得た場合，他の収益と合算して**法人税**が課税される。ただし，土地の譲渡益がある場合は，通常の法人税のほかに，当該譲渡益だけを抽出し，長期譲渡と短期譲渡に区分して課税される。土地の転売により利益を得る，土地転がしを抑制するための税制である。

② 個人　個人の不動産収益，すなわち，土地や建物の売買や賃貸などで利益を得た場合の税金は，他の利益と合算するなど，式(3・5)とは異なる方法で課税される。

(ア)　土地や建物を貸しているときの税金
i．10区分に分けて所得を計算する（図3・25）　個人が，1月1日から12月31日までに稼いだ所得に対して，所得税が課税される。所得税では，所得を10種類に区分して所得計算する。

10種類の所得に対する課税方法は，合算して一つの課税所得金額を求め，それに税率を掛ける**総合課税**と，単独で税額を計算する**分離課税**とがある。総合課税される

所得のうち，不動産所得，事業所得などでは，他の所得の黒字からその所得の黒字を控除する**損益通算**が認められる。

ⅱ．不動産所得として総合課税（図3・26）

　　土地や建物を貸した場合の所得は，不動産所得として総合課税される。不動産所得は，収入金額から必要経費を控除した額である。地代，家賃，権利金，更新料などが収入金額になり，固定資産税や減価償却費，建築費のための借入金利子，修繕費，広告費などが必要経費となる。

　不動産の貸付けが事業といえる程度の規模で行われている場合は，**事業専従者控除**が認められ，従業者の給与が必要経費となる。独立家屋で5棟以上，アパートの場合10室以上であれば，これに該当する。

（イ）土地や建物の売却利益に対する税金

　　土地建物の売却などによって得た所得は，譲渡所得に区分され，分離課税される。

ⅰ．譲渡所得金額　　譲渡所得の計算では，

○譲渡所得金額＝
　　譲渡収入金額－（取得費＋譲渡費用）
　　　　　　　　　　　　　　……（3・6）

○課税譲渡所得金額＝
　　譲渡所得金額－特別控除額
　　　　　　　　　　　　　　……（3・7）

により課税譲渡所得金額を求める。

　中古の建物を譲渡した場合の取得費は，購入代金ではなく，経年減価分を控除した価格となる。譲渡費用には，譲渡のための媒介手数料，登記費用，測量費，借家人に支払う立退き料などが含まれる。特別控除額は，居住用財産の譲渡，土地区画整理事業のための土地の譲渡ほかで認められる。

ⅱ．税率　　譲渡した年の1月1日で所有期間が5年を超える不動産の譲渡（**長期譲渡所得**）の税率は，15％である（住民税を合わせると20％）。優良住宅地などの譲

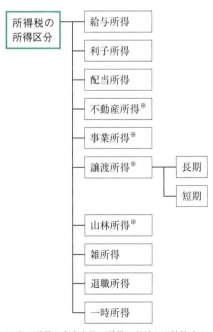

図3・25　所得税の所得区分

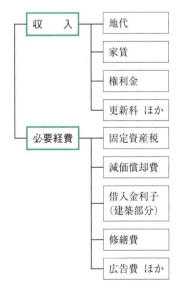

図3・26　不動産所得の内訳

渡，居住用財産の譲渡などでは，税率が軽減される。

iii. **税額**　課税譲渡所得に税率を掛けて税額を計算する。住宅ローン控除など，計算額から一定額を控除する**税額控除**の特例が適用になることもある。

iv. **買換え**　買換えは，所有する不動産を売却し，新たに不動産を購入することをいうが，売却した時点で譲渡益が発生すると課税され，買換えに使うことができる金額が減少する。このため，買換え時の譲渡益課税を行わない課税の繰り延べ制度が適用されることがある。

(2)　相続にかかる税金

相続税は，被相続人が財産を残して亡くなった場合に，相続財産の額に応じて課税される国税である。

(a)　相続人と相続財産

① **法定相続人**　相続は，人の死亡によって開始する。死亡者を**被相続人**といい，その財産を相続する者を**相続人**という。相続人は，被相続人の配偶者と，ⅰ）子供，ⅱ）直系尊属（父母，祖父母等），ⅲ）兄弟姉妹で，これ以外の者は相続人にはなれない。（法定相続人の相続分は，p.29 参照。）

② **相続税の対象となる財産**（表3・29）
相続税の対象となる財産は，実際の相続財産のほか，みなし相続財産と死亡3年以内の贈与財産が含まれる。みなし財産は，死亡保険金や死亡退職金，年金の受給権などであ

表3・29　相続財産

実際の相続財産	現金，有価証券，不動産，貴金属，骨董品　など
みなし相続財産	死亡保険金
	死亡退職金
	年金受給権
死亡前3年以内の贈与財産	

る。死亡3年以内の贈与は，贈与がなかったものとして相続財産に含め，納付済みの贈与税は返してもらえる。被相続人に借金や未払いの税金などがあれば相続財産から控除する。

(b)　税額の求め方と納付

① **納付すべき税額合計を按分する**（表3・30）　相続財産の価格を評価して合計した額（a）から，基礎控除額を控除して課税遺産総額を計算する（b）。これを各相続人が法定相続分に相当する金額の財産を相続すると仮定し（c），この金額に各相続人に適用される税率を掛けて税額を計算する（d）。次に，（d）の税額を合計して相続税額の総額を求める（e）。この税額を実際に相続した財産の価格割合で各相続人に按分し（f），これから各相続人に適用される税額控除を行って相続人ごとの税額を決定する（g）。税額控除としては，配偶者の税額軽減，未成年者控除，障害者控除，相次相続控除などがある。

配偶者の税額控除では，配偶者の法定相続分または，16,000万円のいずれか多いほうに

表3・30　相続税納付額の査定手順

番号	内　容	方　法
a	課税価格の合計	財産を取得した人ごとに課税価格を計算し，その合計を求める。
b	課税遺産総額の計算	aから基礎控除額を控除して求める。控除額は，国税庁のホームページ等で確認できる。
c	法定相続人ごとの取得金額に換算	bを法定相続人が法定相続分で取得するものとして計算する。
d	税額の仮計算	cにそれぞれの税率を乗じて税額を計算する。
e	相続税額の総額	dを合計する。
f	相続人等ごとの税額	eを取得した課税価格割合で按分する。
g	相続人等ごとの納付税額	fから各種の税額控除を控除して，納付税額を計算する

対応する税額を控除する。また，小規模宅地の評価減があり，居住していた宅地を配偶者や同居していた親族が取得するなどの場合には，評価額が減額される。

② **税金の納付**　相続税の申告期限は，納税義務者が相続などの開始を知った日の翌日から 10 ヶ月以内である。申告期限までに各相続人の相続分が決定できないときは，法定相続分で相続したと仮定するなどの方法で納付する。

金銭納付が困難な場合は，延納や**物納**の制度がある。相続税評価では，土地は時価の 80％ で評価され，物納する場合は当該金額を納税したものとみなされる。不動産は物納が可能な財産であるが，物納を受けた国が管理や処分に困難を伴う**管理処分不適格財産**は，物納することができない。

③　**土地と建物の評価**

（ア）　土地（相続税では「宅地」）

ⅰ．　相続財産に含まれる不動産の権利

相続する不動産は，土地だけの場合と，土地と建物の場合とがある。所有者は，法令の制限内において，自由に所有物の使用，収益，処分をする権利を有する（第 206条）。更地は，建物が建っていないだけでなく，所有者の使用，収益を制限する他人の権利がない土地であり，最有効使用を実現できる。不動産の価格は，最有効使用を前提として定まる（不動産鑑定評価基準）ことから，最有効使用の実現に特段の制約がない更地が最も高く評価される。

不動産では，所有者と利用者が異なることがある。土地に地上権設定契約や土地賃貸借契約（借地契約）をすると借地人に借地権が生じ，建物に建物賃貸借契約（借家

表3・31　相続する不動産の権利と価格割合

相続財産		土　地	土地と建物		
		更　地	土地と持家の自宅	借地と持家の自宅	土地と賃貸建物
模式図（建物利用者）（建物所有者）（土地利用者）（土地所有者）		A	A A A A	B B B A	C A A A
該当例		更　地	持　家	借地権付住宅	賃貸アパート
建物	価格割合	－	A：100％（自用建物）	B：100％（自用建物）	C：30％（借家権）A：70％（貸家）
土地	価格割合	A：100％（更地）	A：100％（自用地）	B：70％ ※1（借地権）A：30％ ※2（貸地）	C：21％ ※3　A：79％ ※4（貸家建付地）

※1　借地権割合[4]（X）が 70％ の地域を想定，　※2：100％ － X，　※3：X×30％，　※4：100％ － X×30％

[4]　更地の価格に対する借地権価格の割合のこと。相続税評価では地域ごとに借地権割合を公表しており，路線価と一体的に開示している（図3・20参照）。

契約）を結ぶと借家人に借家権が生じる。借地権と借家権は借地借家法で保護され，これらの権利に価格が発生する場合や，貸主からの契約解除や更新拒絶に金銭の給付が必要となる場合がある。このため，借地権や借家権がついている所有権は，自用の場合の土地や建物の価格から一定額を減額して評価する一方，借地権も相続財産となる。

マンションを相続する場合は，土地と建物の価格を別々に評価して合計したマンション全体の評価額に持分割合を乗じて評価額を求める。

ⅱ． 他人の権利がついていない土地　他人の権利がついていない土地（自用地）の価格は，「第3節3・1　土地と建物の価格を推定する」（p.60）のとおりである。

ⅲ． 他人の権利がついている土地と建物

更地と自用地は，ⅱ．で求めた額が評価額となり，借地権，貸地，貸家建付地は，自用地の価格に表3・31に示す割合を掛けて評価額を求める。借地権割合は，路線価図にA～Gの記号で示されている（図3・20参照）。表は借権割合が70%の場合について計算したものである。

路線価方式による財産評価や納税申告は，税理士に依頼することも多い。路線価方式による評価額が適切な時価を反映しない場合は，不動産鑑定士に不動産鑑定評価を依頼し，鑑定評価額を課税上の時価とすることもできる。

（イ）　家屋の評価　家屋を相続した場合の所有権は，固定資産税評価額（倍率1.0）で評価する。建物が賃貸されている場合は貸家となり，表3・31の割合を掛ける。

(3)　税制の特例と賃貸住宅の建設

不動産の税金は，取得，保有，譲渡，貸付け，贈与，相続などに対して課税される。相続税の節税目的で，生前に借入金でアパートを建設することがある。アパート経営と税制の関係は，以下のとおり整理できる（表3・32）。

アパート1住戸当たりの土地面積は200 m^{2}以下がほとんどで，土地の固定資産税の課税標準が1/6に減額される。建物を新築する場合の不動産取得税は，評価額から一定額が控除され，税額が0となることもある。

所得税では，外部に支払わない非課税の減価償却費が認められ，不動産所得の損失を他の所得と損益通算できる。相続税では，土地は貸家建付地として15%から20%程度安く，建物は貸家として30%安く評価できる。また，建設のための借入金は負の財産であり，資産総額が減少する。

一方，相続時の節税を達成した後も，借入金

表3・32　アパート建設と税制

税　　金	内　　容
固定資産税	・課税標準の特例（1住戸当たり土地面積200 m^{2}まで1/6）
不動産取得税	・課税標準の特例（1住戸ごとに一定額を控除）
所　得　税	・減価償却，損益通算によって所得税の節税が可能
相　続　税	・土地評価額が地価公示価格の80%（現金を保有するより有利）
	・貸家建付地の評価減（土地評価額が上記よりさらに安くなる）
	・建物評価額が工事費の60～70%程度（現金を保有するより有利）
	・貸家の評価減（建物評価額が上記よりさらに安くなる）
	・借り入れた建設資金を負の財産として評価

は継続的に返済する必要がある。賃貸経営が不調で借入金の返済が滞ると，抵当権者は抵当権を実行する。抵当権は，強制的に不動産を売却して融資金を回収する権利である。競売されると競落人が所有者となり，相続人は土地と建物の所有権を失うことになるが（基本原則5），それでは本末転倒である。過大な借入金による賃貸経営にはリスクが伴い，諸条件を加味した相続対策が重要である。

第4節　不動産の経営と管理

4・1　不動産を経営する

(1)　借入金の条件

(a)　資金を借りて返す契約

① 消費貸借　当事者の一方が同じ種類，品質，数量の物を返還することを約して，相手方から金銭その他の物を受け取る契約を消費貸借契約という（民法第587条）。米や酒などを消費貸借することもあるが，今日では金銭を目的とする金銭消費貸借契約が利用されることが多い。

金銭消費貸借契約は，一般的に銀行などの金融機関などが貸主となって締結されることが多く，返済の時期と方法，利息，保証人や担保設定などについて取り決める。

② 短期借入と長期借入　借入金は借入期間により，1年以内の短期借入と1年超の長期借入に区分できる。短期借入は，借手が振り出した約束手形と引き換えに現金を受け取る手形貸付が，長期借入は，金銭消費貸借契約を締結して現金を受け取る証書貸付が一般的である。不動産事業では，一般に，証書貸付による長期借入が採用される。

(b)　借入金の金利と返済

① 借入金の金利

（ア） 固定金利と変動金利　金利には，固定金利と変動金利がある。**固定金利**は，利率が変わらないために，事業収支の計画が立てやすく，金利の上昇局面では借手に有利である。固定金利は，5年以内の借入期間で採用されることが多く，20年以上の事業資金の調達にはなじみにくい。**変動金利**は，一般に固定金利と比較して長期の借入が可能となる。金利の下降局面では借手に有利であるが，金利変動のリスクを借主が負う。

（イ） 金利の目安　金融機関から受けた融資に対し，借入元金と借入利息を返済する。借入利息を規定する金利は，金融情勢，借手の収入や信用力，取引実績，返済条件，担保の内容などにより決定される。金融機関は，以下のような指標を参考に金利を決定する。

ⅰ． 公定歩合　日本銀行が市中の金融機関に貸し付ける際の金利で，各種の金利の決定に影響する。

ⅱ． 短期プライムレート　最も信用力が高い貸付先に対する貸付金利で，**最優遇貸出金利**という。一般の貸付先の短期貸付では，これに 0.1% から 0.5% 程度を上乗せする。

ⅲ． 長期プライムレート　長期融資の目安となる金利で，長期融資を行う銀行や信託銀行で採用されることが多い。

② 借入金の返済

（ア） 元利均等返済　返済する元金と利息の合計額が，毎期の返済額となる。元利均等返済は，元利合計の返済額を一定にする方法である。返済初期は，返済額に占める利息の割合が高く，後期になるに従って元金の割合が高くなる。

支払能力に余力がない建築プロジェクトで多く用いられる。初期の事業収益が安定しない賃貸型は，この返済方法を採用することが多い。

（イ） 元金均等返済　返済する毎期の元金の額を一定とする方法である。返済利息は借入残高に応じて決まるため，初期は返済額が多く，後期になるに従って少なくなる。返済初期の負担は大きいが，返済期間が同じであれば，全期間で払う利息合計額は元利均等返済より少ない。

（ウ） 元金一括返済　短期借入金に多く見られる方法で，期間中は利息のみを支払い，返済期日に元金を一括して返済する。分譲型の建築プロジェクトで採用されることがある。事業期間が予定より延びて，元金返済のために借換えが必要なケースでも，金融情勢が逼迫して借り換えることができないなどのリスクがある。

(c) 借入金による建築プロジェクト

建築プロジェクトの利回りが借入金利よりも高い場合，自己資金の収益率が建築プロジェクトの利回りよりも高くなることを**レバレッジ効果**という。

自己資金の少ないほうがレバレッジ効果が高くなる半面，レバレッジ効果を高め過ぎると，収益の下振れによって破たんにつながるリスクが高まる[1]。

(2) 抵当権を設定する

(a) 担保を設定して返済が滞る可能性に備える

金融機関は，融資した元金に利息を加えた元利金の返済を受けて利益を生む。金銭消費貸借契約は，長期にわたる契約で，期間中に想定外の事象が起きて，元利金の返済が滞る可能性が否定できない。このような場合でも，金融機関が破たんしないよう，担保を設定する（図3・27）。

担保には，人的担保と物的担保がある。前者には保証人を立てる方法が，後者には質権や抵当権による方法がある。

人的担保と物的担保の両方を求められることもあり，担保が不十分な場合は，信用保証協会の保証付き融資とすることがある。また，土地と建物に抵当権を設定した上で，建物に火災保険を掛け，保険証書に質権を設定

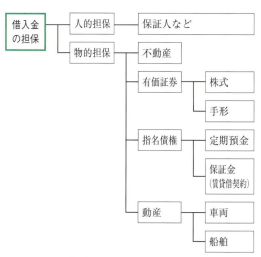

図3・27 借入金を担保する方法

することもある。

(b) 抵当権の仕組み（図3・28）

① 抵当権を設定する契約　建築プロジェクトでは，借入金を担保する方法として抵当権が多く用いられる。民法は，抵当権者は債務者または第三者が占有を移転しないで債務の担保に供した不動産について，他の債権者に先立って自己の債権の弁済を受ける権利を有する（第369条），と規定している。

融資をした金融機関などは，貸付金の返済を受ける権利をもつ債権者として債権を確保するため，抵当権設定者（通常は融資を返済する義務のある債務者）の不動産に抵当権を設定し，抵当権者となる。抵当権者は，抵当権に第三者対抗力をもたせるために，不動産登記簿に登記することが通常である。

② 競売による貸付金の回収　債務者が貸付金の返済ができないなど，債務不履行に陥った場合，抵当権者は抵当権を実行する。抵当権の実行により抵当不動産は不動産競売され，抵当権者は競落人が支払う競落代金から

---

[1] 第7章第1節「投資分析のプロセス」(p.124) 参照。

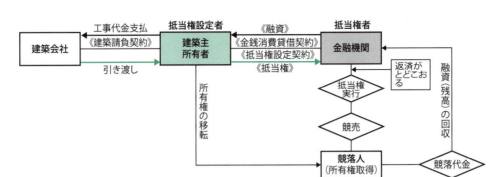

図3・28 抵当権の仕組み

優先的に弁済を受け，債権の回収を図る。

③ 抵当不動産の利用と処分　抵当権の特徴は，抵当権設定者は抵当権が設定された抵当不動産を抵当権者に引渡す必要がないことである。このため，引き続き使用収益することが可能であり，有効活用することで得られる収入などを借入金の返済に充当できる。

抵当権と同じ法定担保物権である質権は，質権の目的物を債権者に引渡すことが抵当権と異なる。この差異が，建築プロジェクトでは抵当権が多用される理由の一つである。

抵当権がついている状態で，土地や建物を売買することは可能である。しかし，購入者は，売主が借りたお金を担保するための抵当権がついた状態で所有権を取得することになる。売主が返済を怠たり，競売にかけられる可能性が否定できないため，売買時に売買代金の一部を未返済額の返済に充て，抵当権を抹消した状態で売買することが通常である。

(3) 資金調達方法の多様化

(a) プロジェクトファイナンス（事業融資）による資金

プロジェクト収益だけでなく，プロジェクトを手掛ける事業体の会社や個人が所有する他の資産や人的担保からも返済が求められる融資を**遡及型融資**という。これに対して**プロジェクトファイナンス**は，特定のプロジェクトに対する融資である，返済の原資は融資対象プロジェクトが生み出す収益に限定する，担保は融資対象プロジェクトの資産による，などの特徴がある。

一般の融資と比較すると，貸手にとってはリスクが高く，その分，金利が高くなる傾向がある。半面，事業体から見れば，当該プロジェクトが失敗しても他の事業や会社資産から返済しなくても済む，というメリットがある（**非遡及型融資**）。

非遡及型融資には，大型プロジェクトに対するプロジェクトファイナンスのほか，比較的小額の融資で用いられるノンリコースローンがある。

わが国の不動産金融は主に遡及型融資がとられてきたが，不動産の証券化や流動化の進展に伴って，非遡及型融資も増えている。

(b) 投資家からの投資（直接金融）

事業体との信頼関係，建築プロジェクトの収益性への期待などを背景に資金の提供を受け，プロジェクトの実績に応じて返礼する方法がある。返礼金の優先順位は一般に，金融機関からの借入金返済に劣後し，事業体の自己資金への利益還元に優先する。資金の提供を投資，返礼金を配当，資金を提供し返礼金を受ける者を，投資家という。

金融機関を経由することなく，投資家から建築プロジェクトに直接出資する方法を**直接金融**という（図3・29）。投資を容易にし，

かつ，投資家を保護するための不動産証券化の手法は，代表的な直接金融である。直接金融では，投資家がプロジェクトの内容を分析して，投資を判断する。事業体は，事業の透明性を高めたうえで，投資判断に必要な情報を開示することが求められる。

不動産証券化は，建築プロジェクトと金融市場を結ぶ仕組みが機能するよう役割分担を明確にし，投資，運営と配当が安定的・効率的に機能するためのルールを定めて，その遵守を義務づけた仕組み金融（Structured Finance）である（図3・30）。

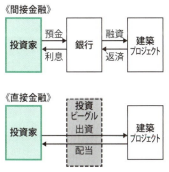

図3・29 間接金融と直接金融

4・2 不動産を管理する

(1) 土地と建物を管理する

(a) 建物の省エネと長期利用を実現する

建物を新築して利用し，解体するまでに必要となる費用（ライフサイクルコスト）は，建設費などの初期費用の4～5倍であり，その7割程度を修繕や改善のための費用や設備の運用費などが占める（図3・31）。適切な管理によってこれらの費用を低減させることは，所有者や利用者はもとより，社会にとっても重要な課題である。

管理の是非は建物の性能に影響を与え，建物の寿命とも関係する。建物の物理的性能は一般に，新築時が最も高く，時間の経過に伴って低下すると考えられている。性能がゼロとなった時点で耐用年数を迎えると仮定し，新築時から耐用年数到来時までの性能が一定量で低下すると考えると，時間の経過と建物性能の関係は，図3・32のC1で示すことができる。

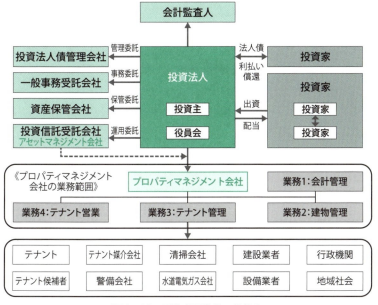

図3・30 不動産証券化の仕組み

（出典：国土交通省大臣官房長官営繕部監修「建築物のライフサイクルコスト」）

図3・31 建物のライフサイクルコスト

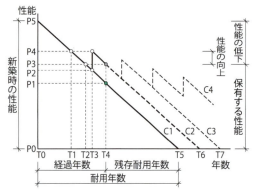

図3・32 時間の経過と建物性能の関係

T3時点で改修工事を行うと，性能はP2からP4へ上昇し，直線は上方にスライドする（C2）。改修工事を繰り返すと性能直線はC3，C4へ移行して性能が維持され，耐用年数も延長する[2]。

適時適切な追加投資を判断し実行する行為が，建物の**省エネルギー**や**長期利用**の実現を可能とする。

(b) 所有者や管理者の責務

建築物の**所有者**，**管理者**または**占有者**は，その建築物の敷地，構造および建築設備を常時適法な状態に維持するように努めなければならない（建築基準法第8条）。また，特定行政庁が指定する建築物や昇降機などの建築設備の所有者や管理者は，定期に，専門技術を有する資格者に調査・検査をさせ，結果を特定行政庁に報告しなければならない（第12条）。

適切に維持管理するとともに，定期的な調査・検査の結果を特定行政庁に報告することは，所有者や管理者に課せられた義務であり，定期報告をしない場合や虚偽の報告をした場合は，罰則の対象となる。

(2) 他人に依頼する

所有者が自ら適切に維持管理することが容易でない場合も少なくない。このような場合は，維持管理を適切に行える専門家に依頼する。依頼する代表的な方法（契約）に，委任，代理，請負がある。

(a) 委　任

委任は，委任者が**法律行為**をすることを受任者に委託し，受任者がこれを承諾することによって効果が生ずる（民法第643条，図3・33）。委託内容が，法律行為に該当しない**事実行為**（事務の委託）の場合を**準委任**といい，委任の規定が準用される。建築士，司法書士，行政書士，医師などの専門家に仕事を依頼することは，一般に準委任に該当する。

民法では，委任は無償が原則で，特約がない限り報酬請求権が当然に発生することはない。実務では報酬を認めることも少なくないが，その場合でも後払いが原則である。ただし，建築設計監理契約のように，契約期間が長期に及ぶ契約では，何回かに分割して支払うこともある。なお，商法では，商人が営業の範囲において他人のためにある行為をしたときは，相当の報酬を請求できる。

受任者は，委任の本旨に従って，善良な管理者の注意をもって委任事務を処理しなければならない。この義務を**善良なる管理者の注意義務**（**善管注意義務**）という。善管注意義務は，自己のためにするのと同一の注意義務より重い注意義務で，委任契約における受任者，賃貸借契約における賃借人などに求められる。

図3・33 委任契約

---

2) 価格評価の方法のうち，原価法では建物の性能と価格は正比例すると考えるので，建物の性能（の劣化）を示す図3・32と，建物の価格（の低下）を示す図3・17（p.56）は同一のものとなる。

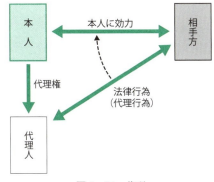

図3・34 代理

図3・35 請負

(b) 代　理

本人から与えられた代理権の範囲内で，代理人が相手側と行った**法律行為**は，本人に対して効力が生じる。例えば，本人から売主として売買契約を締結する権限を与えられた代理人が相手側の買主と売買契約を結ぶと，本人が売買契約を結んだことになる（図3・34）。

忙しくて本人が行う余裕がない，専門的で本人にはよくわからないといった場合に，代理人に依頼する。代理は，本人の時間の制約や能力の制約を代理人によって補完することを可能にする，現代社会では必要不可欠な制度である。

本人が代理人を依頼する方法として，広く**委任**が用いられる。委任状がなくても委任は成立するが，委任状を作成し，**代理権**の内容を明示することも重要である。代理権を与える委任状の内容は，代理人の住所氏名，代理権を与える行為，期間などである。

代理権を与える方法には，委任のほか，請負契約や雇用契約がある。

(c) 請　負

請負は，当事者の一方がある仕事を完成することを約し，相手方がその仕事の結果に対して報酬を支払うことを約することによって成立する（第632条，図3・35）。画家，陶芸家，彫刻家，作曲家などに作品を作ってもらうなどが請負の例である。

報酬の支払い時期は，仕事が完成して引渡すときが原則であるが，建築請負は，契約期間が長い，完成までに請負者が立て替え払いする材料費等が高額になるなどの理由から，着工時1/3，中間時1/3，引渡し時1/3などと約定することもある。中間時は上棟時とされることが多い。

(3) 賃貸管理を委託する

(a) 宅建業と管理業

建物賃貸事業の経営を成立させる基本は，入居希望者を発掘し，賃貸借契約を締結して入居してもらうことである。貸主自ら入居希望者を発見して契約を締結する場合は，宅建業に該当しないが，貸主以外の者が継続反復して貸借の斡旋を行う場合は，宅建業者の免許が必要となる（図3・36）。

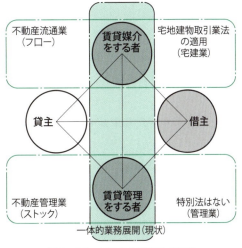

図3・36 宅建業と管理業の関係

不動産の管理業務は，建物設備の維持管理などの事実行為で**準委任**が基本となるが，貸主から法律行為を行う代理権を授与された場合は**委任**となる。

(b) 管理の方法

① **自主管理方式**　事業主自ら管理を行うもので，経営と管理が一体化している。小規模建物に多くみられる。外部への管理コストの支払いは発生しないが，専門的な管理が行き届かない可能性もある。

② **管理委託方式**　管理会社に管理を委託する方法である。管理の専門業者に管理委託契約に基づき有償で委託する。賃貸管理業の成熟が十分とはいえない現状では，特段の契約書等がなく無償で行うことや宅建業者が管理業を兼ねることも見受けられる（図3・26）。

③ **借上げ方式**　管理会社に管理を委託すると同時に，貸室の借主となってもらう方法で，空室の有無にかかわらず賃料収入が確保できる。管理会社は，自ら利用することなく入居者に転貸するが，空室リスクを負い，管理コストにリスク分が上乗せされる。借上げ方式では，管理業者は貸主との間で転貸借をあらかじめ承諾する特約付きで，一括借上げ契約（**サブリース**原契約）をむすぶ。

(c) 賃貸不動産の管理業務の内容

国土交通省は，賃貸管理の適正を期すことを目的として，賃貸住宅標準管理委託契約書（以下，「標準契約書」という。）を作成している。

標準契約書が示す賃貸不動産管理業務は，契約管理業務，清掃業務，設備管理業務および，特約業務である（図3・37）。

① **契約管理業務**　賃貸管理は，賃貸借契約が良好に維持されるよう尽力することを骨子とするものであり，入居者満足度を高めることが業務の中核である（表3・33）。入居

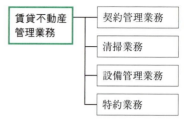

図3・37 賃貸不動産の管理業務の内容

表3・33 契約管理の業務内容

(1) 賃料等の徴収業務 　① 賃料等の徴収 　② 未収金の督促* 　③ 管理費用の支払い代行 　④ 月次報告書の作成および送付 (2) 運営・調整業務 　① 入居立会 　② 建物，設備への苦情等への対応 　③ 借主からの苦情等への対応 　④ 有害行為に対する措置 　⑤ 賃貸借契約に基づく貸主と借主との間の連絡調整 　⑥ 諸官庁等への届出事務の代行 　⑦ 台帳の管理等 　⑧ 空室管理 (3) 契約更新業務 　① 借主の更新意思の確認 　② 新賃貸条件の提案および交渉 (4) 契約終了業務 　① 解約に伴う借主と貸主との連絡調整 　② 明け渡しの確認および鍵の受領 　③ 住戸部分の原状回復についての借主との協議 　④ 敷金の精算事務

＊弁護士法に抵触（非弁行為）しないこと。

表3・34 清掃業務の業務内容

掃き掃除，紙くず等処理，拭き掃除，水洗い処理，ワックス清掃，ガラス拭き，ドア拭き，排水口清掃，金属磨き，ポリ容器洗い，灯具清掃，除草

者管理においては，賃貸借関係維持のための管理的側面だけでなく，付加的なサービスにより，入居者満足度の向上に配慮することが大切である。

② **清掃業務**　賃貸建物の美観や衛生を保持するために，清掃等を行う（表3・34）。

③ **設備管理業務**　賃貸建物が所要の機能を維持するよう，建築，設備，屋外施設の点検や修理を行う（表3・35）。

表 3・35 設備管理業務の業務内容

(1) 建物：玄関回り，廊下，屋根，内壁（空室時），外壁，共用トイレ
(2) 屋外施設：塀・フェンス，掲示板，駐車場，自転車置き場，植栽部分・庭，ゴミ集積所，水道，外灯，マンホール
(3) 電気設備：自家用受変電設備，自家用受変電設備以外の電気設備，照明器具
(4) 給排水設備：給水設備，受水槽，排水衛生設備，排水管，雨水・排水枡，浄化槽設備
(5) テレビ共聴設備
(6) 消防・防災設備：自動火災報知器，消火設備，防犯設備

(4) 管理に関する法律と制度

(a) 分譲マンションの管理

① **建物の区分所有等に関する法律** 複数の所有者が同一建物に所有権をもつ区分所有建物を規律する区分所有法は，建物全体の秩序を維持することを意識した法律ということができる。管理に関係する規定を例示すれば以下のとおりである。

区分所有者は，全員で，建物並びにその敷地および附属施設の管理を行うための団体（管理組合）を構成し，法律の定めるところにより，集会を開き，規約を定める。また**管理者**を置くことができる（第3条）。区分所有者は，建物の保存に有害な行為，その他建物の管理または使用に関し，区分所有者の共同の利益に反する行為をしてはならない（第6条）。共用部分の管理に関する事項は，集会の決議で決する。ただし，保存行為は，各区分所有者が行うことができる（第18条）。

② **マンションの管理の適正化の推進に関する法律** **マンション管理士**や**管理業務主任者**の資格を定め，マンション管理業者の登録制度を規定して，マンションの管理の適正化を推進する法律である。

マンション管理士は，管理組合の運営やマンションの管理に関し，管理組合の管理者やマンションの区分所有者の相談に応じ，助言，指導，その他の援助を行う専門家である。マンション管理業は，管理組合から委託を受けて管理事務を業として行うものをいい，マンション管理業者は，登録を受けてマンション管理業を営む者をいう（第2条）。

(b) 賃貸不動産の管理

① **賃貸住宅管理業者の登録制度** 賃貸住宅管理業務に関して一定のルールを設けることで，借主と貸主の利益保護を図る。また，登録事業者を公表することにより，消費者は，管理業者や賃貸不動産を選択する際の判断材料とすることができる。貸主，借主，管理業者間に適正なルールを設け，紛争の未然防止や適切な管理を行う事業者が評価されることを通じて，賃貸住宅管理業の健全な発展につなげるものである。

2016（平成28）年の賃貸住宅管理業者登録制度の改正により，賃貸不動産経営管理士の役割が示された（図3・38）。管理業務を適正に促進するため，① 登録事業者が貸主との管理受託契約を締結するときは，賃貸不動産経営管理士[3]は**重要事項**を記載した書面を交付して説明し，重要事項説明書に記名・押印する。② 貸主との管理委託契約が成立したときは，賃貸不動産経営管理士は**契約書**を作成し，記名・押印する。③ 登録事

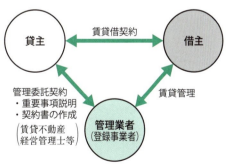

図3・38 管理委託契約の手続き

---
3) 一定の経験者を含む。以下，②，③に共通である。

業者の事務所ごとに，1名以上の**賃貸不動産経営管理士**を設置する[4]。

② 証券化不動産のマネジメント

（ア）マネジメントの位置づけ　不動産所有者から委託を受けて資産の運用を行うことを，**アセットマネジメント（AM）**という。アセットマネジャーは，資産全体を統括し，保有資産の追加投資や売却，新規資産の取得の計画を策定し実行する。

委託を受けて保有する資産の運営・管理を行う業務を，**プロパティマネジメント（PM）**という。プロパティマネジャーは，入居者を募集し，条件交渉などを行った上で賃貸借契約を締結する。入居者と日常的に接点をもち，良好な関係を築くよう努める。建物管理の面では，建築や設備のメンテナンス計画を，自らあるいは別会社に委託し実行する。予算計画の作成や決算報告などの会計管理も重要な業務である（図3・30）。日本の一般的な賃貸管理と比較すると，所有者の代理人としての色彩が強い。

（イ）マネジメント業務の一般化　AM業務やPM業務は，不動産証券化を実現するために導入された。導入に際して，主として参考とされた米国では，これらの業務は証券化不動産や賃貸不動産に限定されない。また，AM業務とPM業務を必ずしも別会社が行うわけでもない。

マネジメントの役割は，収益性の極大化だけでなく，資産の長寿命化，歴史や景観への配慮，地域の価値を高めることへの貢献，環境問題への貢献など，より多目的化することが考えられる。

---

4) 記載の内容は，賃貸住宅の管理業務等の適正化に関する法律（2020（令和2）年6月公布）において，拡充する形で規律された。

第Ⅱ編　各　　　論

◆隣接する 2 つの敷地の有効利用は，単独
利用か，一体利用か？
◆合理的な意志決定を導くための知識！

第4章 基本構想を作成する

第1節 基本構想をつくるプロセス

基本構想では，建築プロジェクトの対象地に，どのような建物を建築することが可能か，**図面**で示すとともに，**面積表**を作成する[1]。第1節では構想する建物の広さ，階数を決めるプロセスの骨子を示す。

基本構想を作成するプロセスをイメージしやすくするために，図4・1のような**例題敷地**を設定し，各段階の要点を例題敷地で確認していく。

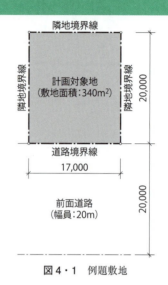

図4・1　例題敷地

【例題4—1】
例題敷地において，容積率制限の観点から建築可能な延べ面積の限度を求めてください。用途地域は商業地域で，指定容積率は700％です。
(解答 p.79)

1・1　容積率制限による延べ面積の限度を求める

建物の広さは容積率によって制限される。まず，容積率で制限される延べ面積の最高限度を求める。

(1) 容積率

敷地面積に対する延べ面積[2]**の割合**を容積率といい，都市計画法や建築基準法などによって**最高限度**が規定されている。敷地面積に，法律が規定する容積率の最高限度を乗じると，建築可能な延べ面積を求めることができる。

(2) 都市計画法が規定する容積率（指定容積率）

都市計画法の規定によって定める都市計画では，用途地域の指定と同時に用途地域ごとに示される数値の中から適切なものを選択し，容積率を指定する。この容積率のことを**指定容積率**といい，都市計画図などで開示される。

用途地域ごとに示される容積率の数値は，表4・1のとおりである。用途地域が商業地域の例題敷地では，表4・1の数値のうち，容積700％が指定されている。

---

[1] どのような用途に需要があるか分析するマーケティングも基本構想の一部であるが，本書では建物の用途は事務所を基本とし店舗，倉庫，駐車場等を併設する。これらを総称して事務所ビルという。
[2] 建築物の各部分の床面積の合計を延べ面積という。巻末152ページで別途に用語解説をする。

表4・1 指定容積率の数値と乗数

	第一種低層住居専用地域 第二種低層住居専用地域 田園住居地域	第一種中高層住居専用地域 第二種中高層住居専用地域	第一種住居地域 第二種住居地域 準住居地域	近隣商業地域	商業地域	準工業地域	工業地域 工業専用地域	用途地域の指定のない区域
指定容積率となる数値	50% 60% 80% 100% 150% 200%	100% 150% 200% 300% 400% 500%	100% 150% 200% 300% 400% 500%	200% 300% 400% 500% 500% 600%	200% 300% 400% 500% 500% 600% 700% 800% 900% 1000% 1100% 1200% 1300%	100% 150% 200% 300% 400% 500%	100% 150% 200% 300% 400%	50% 80% 100% 200% 300% 400%
前面道路幅員に対する乗数	0.4	0.4	0.6	0.6	0.6	0.6	0.6	0.6

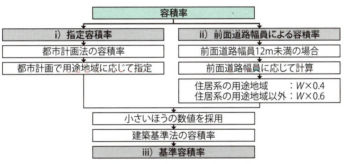

図4・2 指定容積率と基準容積率

(3) 建築基準法が規定する容積率（基準容積率）

建築基準法が認める容積率の上限を**基準容積率**[3]という。建物を建てる場合は建築基準法を守ることが必要で、基本構想を作成する場合には、基準容積率をもとに建物を想定する。つまり、容積率制限による延べ面積の限度は式（4・1）で求める。

○延べ面積の限度＝敷地面積×基準容積率
　　　　　　　　　　　　　　　……（4・1）

指定容積率と基準容積率が同じとなることも少なくないが、**前面道路幅員が12m未満の場合は注意が必要である。**

建築基準法では、前面道路幅員が12m未満の場合は、前面道路幅員（メートル単位で表示）に表4・1に示す**乗数**をかけた数値を求め、指定容積率と比較して**小さい方の数値**を採用する。（図4・2）。

(4) 延べ面積の限度（例題4-1の解答）

例題敷地は前面道路幅員が20mのため、前面道路幅員による容積率（図4・2のii））を考慮する必要はない。i）の指定容積率＝iii）の基準容積率＝700%なので、延べ面積の限度＝$340\,m^2 \times 700\% = 2{,}380\,m^2$となる。

---

[3] 巻末153ページで別途に用語解説をする。

80 第4章 基本構想を作成する

【例題4−2】

　例題敷地において，基本構想レベルの基準階平面図を作成してください。

(解答 p.81)

1・2　事務所ビルの平面計画をつくる

(1)　コアタイプ

　建築学のうち建築計画の分野では事務所ビルの間取りを，図4・3のとおりコアタイプに分類する。コア部分には階段，エレベーター，トイレ，機械室などの機能が納められる。コアは，細分化された諸室が集合するため壁の量が多くなり，一部の壁を耐力壁とすることも行われる。機能的・構造的に核となる部分であることからコアと呼ばれる。

　建物の所有者が自ら利用する建物では，所有者の使い方に応じて個性的な平面計画にできる。一方，さまざまな入居者が利用する賃貸用の建物では，利用の汎用性を確保するために事務室部分をまとめて確保することが望まれ，結果としてコアタイプがより明確になる傾向がある。一般に，**中小規模のビルは片寄せコアが多く，大規模ビルはセンターコアが多く採用される。**

　建物を賃貸借する場合，建物の各階について賃借人が独占的に利用する専用部分[4]と複数の賃借人が共用する共用部分に区分することが一般的で，各階の床面積を専用面積と共用面積に区分して考える。

　○床面積＝専用面積＋共用面積

…… (4・2)

　専用面積は，建物賃貸借契約の対象範囲として賃料算定の直接的な対象となる一方，共用部分は賃貸借面積に含まれず，賃料算定の直接的な対象とはならないことが原則である。

コアタイプ	概　念　図	特　　徴
片寄せコア		・一般に小・中規模の場合に採用される。 ・建物の重心と剛心がずれる（偏心する）ため，構造上の工夫が必要。 ・二方向避難を確保する工夫が必要。
センターコア		・床面積が大きい場合に適する。 ・事務室が連続し，フレキシビリティの高い執務室が確保できる。 ・建物の偏心がなく，構造計画上望ましい。 ・共用部分の集約化が図りやすい。 ・高層の建物にも適する。 ・採光が確保しやすい。
ツインコア		・ひとつの大空間が確保できる。 ・両面採光がとれる執務空間が実現できる。 ・フロアーを分割利用する場合は廊下が必要となり，有効率が低減。 ・両側に階段が設置でき，二方向避難が確保しやすい。 ・構造計画，設備計画が容易。
分散コア		・各コアを柱とみなして耐力をもたせ，大空間を実現できる（左図）。 ・片寄せコアの発展形で，避難施設や設備シャフトでサブコアとする(右図)。 ・建物の偏心がなく，構造計画上望ましい。
分離コア		・コアを必要な形で計画でき，意匠に優れた設計が可能。 ・独立性の高い執務室を確保できる。 ・動線が長くなる。 ・二方向避難が確保しにくい。 ・構造上の工夫が必要。

図4・3　事務所ビルのコアタイプ

---

4)　巻末153ページで別途に用語解説する。

床面積に占める専用面積の割合を賃貸有効率（レンタブル比）といい，適切な賃貸経営のためには賃貸有効率がポイントの1つとなる。

○**賃貸有効率＝専用面積÷床面積**

……(4・3)

一般に，**共用部分とコア部分**は重複することが多く，賃貸有効率を高めるためにコア部分の面積を圧縮しがちであるが，共用部分の充実が入居者確保に影響する程度が大きくなっている。

(2) 例題敷地の平面計画（例題4－2の解答）

例題敷地が立地に恵まれている場合，基準容積率700％を最大限に利用する賃貸事務所ビルを計画する。敷地面積340 m² の例題敷地に建つ事務所ビルの配置と平面を考える。

(a) 配置計画

敷地内のどの位置に建物を配置するかを考える。ここでは，民法の相隣関係の規定（民法第234条）を参考に，隣地境界線から0.5 m 後退する。道路境界線と建物との間には，一定の余裕があることが望ましいことから，1.5 m あけて建物を配置する（p.83の図4・5より）。**建物配置は階数に影響**する。

建築基準法では，防火地域内の耐火構造の壁は隣地に接して設けることができるなど，民法第234条と異なる規定がある。このような場合，建築基準法（特別法）が優先されるが，新築工事のみならず，将来の維持修繕工事の施工の都合を考えると，一定の後退距離を確保することが望ましい。

(b) コアの納まり

一定規模以上の建物では二方向避難を確保する必要があり，二以上の直通階段を設けて避難階段とする必要がある。6階以上の事務所ビルはこれに該当する。そこで，避難階段を2箇所配置し，その間にエレベーター，トイレ，湯沸室，機械室を入れて，コアとする。敷地規模より片寄せコアタイプのビルとなる。2つの階段を設ける場合は，避難時の安全を考慮してなるべく離して配置することが基本である。

事務所ビルの建築計画では，一般に6 m×6 m のグリッドを想定し，階段などはその半分の3 m×6 m に納めることが効果的とされる。この寸法を確保しておけば，基本設計や実施設計に進んだ段階でさまざまな設計条件が追加される場合や，厳格な遵法性が求められる場合にも対応できる。

一方，敷地が狭くこの寸法を確保できない，事務室部分をなるべく広く確保したいなど，この寸法により難い場合もあり，グリッドを5 m～6 m まで縮小することもある。ただし，階段や廊下では，内法寸法を1.2 m 以上必要など，確保すべき寸法があることに留意する[5]。

以上より作成した平面図は，図4・4のとおりである。

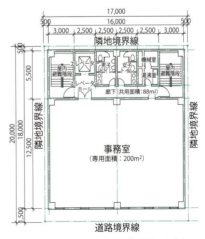

図4・4 例題敷地上の基準階平面図

---

5) 屋内の避難階段は1.2 m 以上の内法寸法を確保することが基本となる。柱型や梁型が出る場合の内法は，これらの先端から計測する。段数は，階高の影響を受け，階段室の広さに影響することに留意する。

82　第4章　基本構想を作成する

【例題4—3】

　例題敷地において，図4・4の基準階が建築できる階数を求めてください。

(解答 p.84)

1・3　建築可能な建物の階数を判断する

　建物の高さは建築基準法によって規定される。建築可能な階数を求め，上記で計算した延べ面積がどの程度利用できるか判定する。建物の階数に影響する高さ制限には，(1)のほか日影規制，高度地区などもある。

(1)　高さ制限の内容

(a)　絶対高さ制限

　低層住居専用地域内の建物の高さは，**10 m**または**12 m**のいずれか指定された数値内に制限される。これらの地域に建てられる**居住用建物の階高は 3 m 程度**であることから，10 m の地域では 3 階，12 m の地域では 4 階が建築可能な階数の目安となる。

　例題敷地は用途地域が商業地域であり，絶対高さ制限の適用はない。

(b)　斜線制限

　斜線制限には，道路斜線制限，隣地斜線制限，北側斜線制限があり，用途地域によって制限内容が決められている（表4・2）。道路斜線制限は敷地の**基準容積率に応じた適用距離**が定められており，それを超える部分では道路斜線制限は適用されない。

　3 種類の斜線制限がすべて適用になるのは，中高層住居専用地域だけである。低層住居専用地域には隣地斜線制限がなく，住居地域ほかは北側斜線制限が適用されない。また，中高層住居専用地域であっても日影規制

表4・2　高さ制限の内容

			第一種低層住居専用地域 / 第二種低層住居専用地域 / 田園住居地域	第一種中高層住居専用地域 / 第二種中高層住居専用地域	第一種住居地域 / 第二種住居地域 / 準住居地域	近隣商業地域 / 商業地域	準工業地域 / 工業地域 / 工業専用地域	用途地域の指定のない区域
絶対高さ制限			10 m / 12 m					
斜線制限	道路斜線制限 (注1)	勾配	1.25	1.25		1.5	1.5	1.25 / 2.5
		適用距離 (注2)	容≦200% ; 20 m / 200%<容≦300% ; 25 m / 300%<容≦400% ; 30 m / 400%<容 ; 35 m			容≦400% ; 20 m / 400%<容≦600% ; 25 m / 600%<容≦800% ; 30 m / 800%<容≦1000% ; 35 m / 1000%<容≦1100% ; 40 m / 1100%<容≦1200% ; 45 m / 1200%<容 ; 50 m	容≦200% ; 20 m / 200%<容≦300% ; 25 m / 300%<容≦400% ; 30 m / 400%<容 ; 35 m	容≦200% ; 20 m / 200%<容≦300% ; 25 m / 300%<容≦400% ; 30 m
	隣地斜線制限 (注1)	勾配		1.25	1.25	2.5		1.25 / 2.5
		立上り		20 m	20 m	31 m		20 m / 31 m
	北側斜線制限	立上り	5 m	10 m				
		勾配	1.25	1.25				

注1)　表中の数値と異なる数値が適用される場合がある。
注2)　表中の「容」は敷地の基準容積率を示す。

がある場合，北側斜線制限は適用されない。

商業地域にある例題敷地は，道路斜線制限と隣地斜線制限が適用になる。**道路斜線制限の勾配は1：1.5**，基準容積率は700％であるため，**適用距離は30 m**になる。**隣地斜線制限は立上り31 m**で，それを超えた部分の**勾配は1：2.5**である。

例題敷地では，道路境界線から1.5 m，隣地境界線から0.5 m **後退して建物配置**している。この場合，道路斜線制限の道路斜線の始点を前面道路の反対側の道路境界線より1.5 m 後退させる。また，隣地斜線制限の斜線部分の始点を隣地側に0.5 m 後退させる（図4・5）。

以上より，敷地境界線に最も近い位置で建築可能な高さは式（4・4），式（4・5）で求める。

○**道路境界線側の高さ＝（前面道路幅員**
　　＋後退距離×2）×勾配 ……（4・4）
○**隣地境界線側の高さ＝立上り＋**
　　後退距離×2×勾配 ……（4・5）

(2) 建物の階高と高さ

(a) 建物の階高

近年の事務所ビルでは，梁下に天井を張って梁を見せないことが一般的である。この場合の階高は式（4・6）で示すことができる。

○**階高＝天井高＋梁成＋天井仕上**
　　（仕上および下地等） ……（4・6）

図4・6は，**天井高を2,700 mm**としている。利用者が**フリーアクセスフロアー**にするために**床面を100 mm 高く**すると，実質の天井高は2,600 mm となる。梁成は，スパン（柱間）の長さにもよるが，1,000 mm で納め，天井仕上げに必要な寸法を（仕上げおよび下地等）を100 mm とすると，**階高は3,800 mm**となる。

(b) 建物の高さ

建物の高さは，地盤面から最も高い位置にある横架材[6]までの高さであるが，事務所ビ

表4・3　階数と高さ

階数	階高（m）	高さ（m）
9	3.8	36.9
8	3.8	33.1
7	3.8	29.3
6	3.8	25.5
5	3.8	21.7
4	3.8	17.9
3	3.8	14.1
2	3.8	10.3
1	5.5	6.5

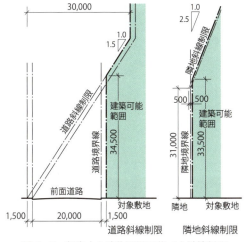

図4・5　想定する建物配置に基づく斜線制限

図4・6　基準階の階高

6) 鉄筋コンクリートの梁，木造の棟木など。

ルでは，一般に最上階のパラペットの天端までとする。地盤面から1階の床まで0.5 m，パラペットの高さを0.5 mとし，1階の階高を5.5 m，基準階の階高を3.8 mとすると，建物の階数と高さの関係は表4・3のとおりとなる。

屋上部分には，屋上に出るための階段室やエレベーター機械室が塔屋として設置される

が，建築面積の1/8より小さい塔屋は階数にも高さにも含まない。一般的な事務所ビルでは，この範囲に納めるので，この段階では塔屋を考慮する必要はない。

(3) 建築可能な階数（例題4−3の解答）

式（4・4），（4・5），図4・5より，図4・4の平面図が建てられる高さは33.5 mまでである。表4・3より8階建てが可能である。

第2節　中小事務所ビルの外観が整わない理由

2・1　建築計画の教科書に出ない設計上の制約

建築計画の教科書では，事務所ビルの平面計画は，コアタイプで分類されてわかりやすく示されている（図4・3）。しかし，実際に街で見かける中小規模の事務所ビルには，コアタイプの種類では説明できない建物が少なくない。

図4・7は，繁華街に建つ事務所ビルで，仕上げ材料は高級なものを使っている。また，図4・8は，デザイン性の高い事務所ビルである。建物の品等を高める工夫は見られるが，両者は共通して**道路側に階段が露出**している。

一般に品等が高い事務所ビルでは，道路側など人目につく部分は意匠に注意して設計し，階段の露出は避けるのが常道である。これに対して，中小規模の事務所ビルの設計では，人目につく道路側に階段を露出させる方法が多用される。

図4・7　ビル外観1　　図4・8　ビル外観2

【例題4−4】

中小事務所ビルで道路に階段やバルコニーを見せ，あえてすっきりとしたとはいえないデザインが用いられるのはなぜですか。そのように設計するメリットは何ですか。

(解答 p.86)

2・2　二方向避難

(1)　二以上の直通階段を設ける

二方向避難を確保するため，事務所ビルなどでは二以上の直通階段を設けることになっている。一方，すべての建物にこれを求めると，中小規模の建物が使いにくくなってしまう。そこで，建築基準法では二以上の直通階段を設ける必要がある建物を，規模，用途，階数などにより規定している（建築基準法施行令第121条）。

事務所ビルでは，6階以上を事務所として使う場合に，二以上の直通階段を設けなければならない建物に該当する[1]。

(2)　中小規模事務所ビルの例外規定

(a)　例外規定が多用される理由

6階以上を事務所として使う場合でも，その階の事務室の床面積が**200 m^{2}を超えず**[2]，かつ，**避難上有効なバルコニー**と**屋外避難階段**を設ける場合は，二以上の直通階段を設置しなくてもよいことになっている（同条1項6号）。

この例外規定を受け，中小規模の敷地に建つ事務所ビルでは，6階建て以上でも屋外避難階段を1箇所しか配置しない方法が多用される。その理由は以下のとおりである。

---

1)　5階以下で，二以上の直通階段が必要な場合については，建築基準法施行令を参照。
2)　主要構造部が準耐火構造など一定の条件を満たす場合。

① 屋内避難階段であれば2箇所必要なところ避難用バルコニーを併設すれば**屋外避難階段1箇所**でよい。
② 屋外避難階段も避難用バルコニーも**床面積に入らないため**，その分だけ専用面積を多くとることができる。
③ 屋内避難階段では内法1.2 m必要なところ，屋外避難階段は0.9 mでよく，**狭いスペースに設置**できる。
④ 小さいことに加えて壁がないなど，**工事費が安価**である。
⑤ 鉄骨階段とする場合は，工場生産が可能で**工期が短縮**できる。

半面，屋外避難階段は，a. **風雨**にさらされて快適性が劣り床仕上げも制約を受ける，b. **ゴミ**が舞い込む，c. **足音**が伝わりやすい，d. **冷暖房**を使うことができない，e. **立面のデザイン**がととのいにくい，などの短所がある。このため，屋内避難階段と比較すると，一般にビルの**グレードが低く**なる。

図4・7，4・8の建物はともに，屋外避難階段と避難用バルコニーが付いている。それぞれ相応の工夫はされているものの，ファサード（正面の外観）のデザインにはもどかしさが残る。

屋外避難階段は，事務室の床面積が200 m² を超えるなどにより，二以上の直通階段の設置が避けられない場合でも用いられる。1箇所を屋内避難階段としてビルのグレードを保ちつつ，他の1箇所を屋外避難階段として賃貸有効率の改善を試みる方法がその例である。

(b) 基本構想図の代替案を考える
(例題4－4解答)

図4・4の基本構想図（以下，「原案」という。）は，片寄せコアタイプ内に屋内避難階段を2箇所設置して二方向避難を確保する案であるが，建築基準法の例外規定を適用すれば，屋外避難階段1箇所で済ませることができる。

この方法で作成した代替案を図4・9に示す。共用部分の面積は55 m²で，基準階の有効率比は78％となる。原案の69％と比較すると，**賃貸有効率が9％上昇**する。

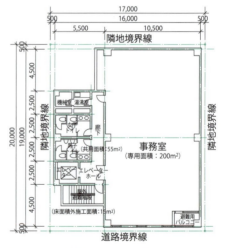

図4・9 屋外避難階段を1箇所とする代替案

第3節　建築プロデュース：演習1（基本構想）

1・1　ケーススタディの対象敷地（演習敷地）

建築プロデュースのプロセスについて，事案に即した理解を深めるために，**対象地を設定して****ケーススタディ**していく。対象地は，図4・10のような，中小規模の2つの建物敷地を模式化した図4・11とし，これを演習敷地という。章ごとの学習内容をもとに演習敷地でケーススタディするが，ここでは第4章で学んだ建築構想図を作成する。

図4・10　中小事務所ビルが連担する景観

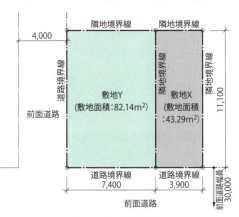

図4・11　演習敷地

敷地Xは，前面道路幅員30 mの中間画地，敷地Yは30 mのほか幅員4 mの側道にも面する角地である。用途地域は商業地域，指定容積率は700％（基準容積率も同じ）で，事務所ビルの需要は旺盛な地域である。

両敷地とも規模が狭く，大規模ビルに対する評価がひときわ高い昨今の不動産市場に対応できないのが悩みである。特に，狭小敷地ともいえる敷地Xは大きな問題を抱えている。

建築構想図は，敷地X，敷地Yに加えて，両者を一体化した敷地XYについても作成する。

1・2　敷地ごとの基本構想

(1)　敷地X

(a)　断面計画

正式には，建物配置を想定した上で斜線制限を検討すべきである（図4・5）が，建築可能な高さを概観するために，四周の敷地境界線から一切建物を後退させず，敷地一杯に建築することを想定する。道路境界線上で建築可能な高さは，45 m（前面道路幅員30 m×商業地域の道路斜線制限の勾配1.5）となる。隣地境界線上では，隣地斜線制限の立上りの高さである31 mまで建築可能である。両数値の小さいほうである31 mが建築可能であるが，敷地境界線から多少は後退して建築することを考えれば（図4・5），8階は建築できそうである。地下1階を加えると9層の建物となるので，基準容積率700％を概ね利用できそうである。

しかしながら，間口3.9 mの敷地Xについては，階段やエレベーターを設置して，8階建ての建物を建てることが合理的かどうか問題がある。少なくとも，規格品のエレベーターは設置できそうにない。

(b) 平面計画

　地方公共団体は，条例によって建築基準法の接道規定に条件を附加することができる。敷地 X が存在する東京都は，かつて，接道長さが 4 m 未満の敷地には原則として 2 階建てまでしか建築できないと規定していた（旧東京都建築安全条例）。現在は廃止されているが，図 4・10 の建物は，この規定が運用されていたときに新築されたために，地上 2 階建てになっている。

　現行の東京都建築安全条例では，中高層事務所ビルとすることも可能であるが，エレベーターを設置する費用のほか，事務室としての利用が阻害される点を考慮して，現状の利用に近い地下 1 階，地上 2 階建てとする（図 4・12）。この規模であれば，二以上の直通階段を設置しなければならない建物には該当しない。階段の内法は法律上，0.75 m 以上でよい。

(2) 敷地 Y

(a) 断面計画

(ア) 二以上の前面道路がある場合の道路斜線制限の緩和　敷地 Y は角地で，幅員 30 m の前面道路と幅員 4 m の前面道路がある。幅員 30 m の前面道路側は敷地いっぱいに建物を配置したとしても，上述のとおり，敷地境界線上で 45 m まで建築できる。一方，幅員 4 m の側道で同様の前提で計算すると 4 m×1.5＝6 m までしか建築できず，1 階しか建てられない。側道のない中間画地であれば敷地 X で検討したとおり，隣地境界線上で 31 m まで建てられることと比較すると建築可能な高さが極端に低くなる。

　この矛盾をなくすために，二以上の前面道路がある場合の緩和措置がある。緩和措置の概要は以下のとおりである。

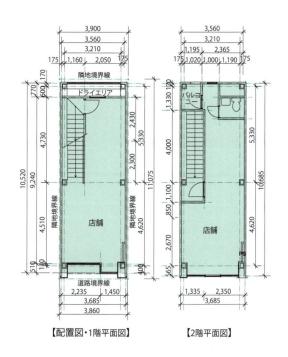

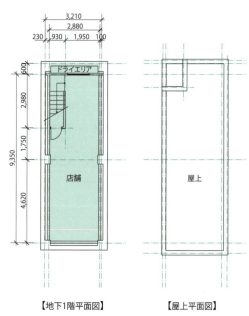

図 4・12　敷地 X に建つ事務所ビルの平面計画

① 複数の前面道路のうち，最大の道路幅員 A（ここでは 30 m）として，② 2A かつ 35 m の小さいほうの値までは，③

狭いほうの道路についても**最大の道路幅員Ａをもつ**ものとして，斜線制限を適用することができる。ここでは 2A＝60 m なので，②の「2A かつ 35 m の小さいほうの値」は 35 m となる。35 m は最大幅員の道路境界線から敷地の奥行き方向にとるので，奥行きが 11.1 m の敷地 Y はすべてこの範囲に含まれ，**幅員 4 m の側道について幅員 30 m の道路とみなして道路斜線制限を適用**する。その結果，側道側の道路境界線部上でも 45 m まで建築可能となる。

（イ）　建築可能な階数　　以上より，敷地 Y についても敷地境界線部分で少なくても 31 m は建築可能で，建物を後退して配置することにより，8 階は建築できそうである。

（b）　平面計画

基準階は側道側に屋外避難階段をとり，避難用バルコニーを広幅員の道路側にとって二方向避難を確保する。事務室は二つの道路に面した窓を設けることができて開放的となり，形状も整形に近くなる。コアタイプは，片寄せコアを変形したものとなる（図4・13）。屋外階段が側道側にあることから，広幅員の道路側はファサードを整えることは比較的容易でる。

1 階は側道側にエントランスを設けることができるため，専用部分の広幅員道路側の間口が広くなる。また，側道側もショールーム的な使用が可能で，1 階の収益性と上階へのアクセスの確保を両立できる。

（3）　**土地を一体化した敷地 XY**

（a）　断面計画

敷地 Y と同様である。

（b）　平面計画

敷地 Y と同様であるが，間口が広くなることより，典型的な片寄せコアタイプの間取りとなる（図4・14）。この結果，事務室部分が整形となり，利用効率が高くなる。

（4）　**土地一体化による延べ面積[3]等の変化**

単独利用と共同利用による建物の面積の変化は表4・4のとおりである。敷地 X，Y に個々に建てる場合に比べ，敷地 XY に建てる場合には，延べ面積が 201.06 m² 広くなり，30％増える。

表4・4　面積表

○敷地X

敷地の概要	敷 地 面 積 ①		43.29 ㎡
	前 面 道 路 幅 員 ②		30 m
	用 途 地 域 ③		商業地域
	容積率 指定容積率 ④		700%
	基準容積率 ⑤		700%
	延べ面積の最高限度 ⑥=①×⑤		303.03 ㎡
計画建物の容積率と有効率	延 べ 面 積 ⑦=Σ⑬		98.44 ㎡
	容 積 率 ⑧=⑦÷①		227%
	専 用 面 積 の 合 計 ⑨=Σ⑪		98.44 ㎡
	有 効 率 ⑩=⑨÷⑦		100%

	階	用途	⑪専用面積(㎡)	⑫共用面積(㎡)	⑬=⑪+⑫床面積(㎡)
各階床面積	2	店舗	37.18	0.00	37.18
	1	店舗	34.33	0.00	34.33
	地下1	店舗	26.93	0.00	26.93
	合計		98.44	0.00	98.44

○敷地Y

敷地の概要	敷 地 面 積 ①		82.14 ㎡
	前 面 道 路 幅 員 ②		30m・4 m
	用 途 地 域 ③		商業地域
	容積率 指定容積率 ④		700%
	基準容積率 ⑤		700%
	延べ面積の最高限度 ⑥=①×⑤		574.98 ㎡
計画建物の容積率と有効率	延 べ 面 積 ⑦=Σ⑬		568.50 ㎡
	容 積 率 ⑧=⑦÷①		692%
	専 用 面 積 の 合 計 ⑨=Σ⑪		414.50 ㎡
	有 効 率 ⑩=⑨÷⑦		73%

	階	用途	⑪専用面積(㎡)	⑫共用面積(㎡)	⑬=⑪+⑫床面積(㎡)
各階床面積	塔屋	機械室	0.00	8.00	8.00
	8	事務室	47.50	15.00	62.50
	7	事務室	47.50	15.00	62.50
	6	事務室	47.50	15.00	62.50
	5	事務室	47.50	15.00	62.50
	4	事務室	47.50	15.00	62.50
	3	事務室	47.50	15.00	62.50
	2	店舗	47.50	15.00	62.50
	1	店舗	42.00	21.00	63.00
	地下1	店舗	40.00	20.00	60.00
	合計		414.50	154.00	568.50

○敷地XY

敷地の概要	敷 地 面 積 ①		125.43 ㎡
	前 面 道 路 幅 員 ②		30m・4 m
	用 途 地 域 ③		商業地域
	容積率 指定容積率 ④		700%
	基準容積率 ⑤		700%
	延べ面積の最高限度 ⑥=①×⑤		878.01 ㎡
計画建物の容積率と有効率	延 べ 面 積 ⑦=Σ⑬		868.00 ㎡
	容 積 率 ⑧=⑦÷①		692%
	専 用 面 積 の 合 計 ⑨=Σ⑪		674.00 ㎡
	有 効 率 ⑩=⑨÷⑦		78%

	階	用途	⑪専用面積(㎡)	⑫共用面積(㎡)	⑬=⑪+⑫床面積(㎡)
各階床面積	塔屋	機械室	0.00	8.50	8.50
	8	事務室	77.00	19.50	96.50
	7	事務室	77.00	19.50	96.50
	6	事務室	77.00	19.50	96.50
	5	事務室	77.00	19.50	96.50
	4	事務室	77.00	19.50	96.50
	3	事務室	77.00	19.50	96.50
	2	店舗	77.00	19.50	96.50
	1	店舗	70.00	25.00	95.00
	地下1	店舗	65.00	24.00	89.00
	合計		674.00	194.00	868.00

---

3)　延べ面積と容積率の関係については，巻末 152 ページで別途に用語解説する。

90　第4章　基本構想を作成する

図4・13　敷地Yに建つ事務所ビルの平面計画

第3節 建築プロデュース：演習1（基本構想） 91

図4・14　敷地XYに建つ事務所ビルの平面計画

第5章　不動産の収益価格を評価する

第1節　不動産の価格を評価するプロセス

　不動産の価格評価では，建築プロジェクトの対象地上の建物から得られる収益を想定し，それを価格に換算する。

　第1節では，**不動産鑑定評価**手法の中で，最も理論的と位置づけられる収益還元法を適用し

て不動産価格を求める手順を示す。

　価格評価のプロセスをイメージしやすくするために，第4章で作成した基本構想をもとに，各段階の要点を例題敷地で確認していく。

【例題5―1】

　表5・1は，例題敷地上の基本構想ビルの面積表です。1階の月額支払賃料を 10,000 円/m² で敷金 10 ヶ月とする場合と，9,000 円/m² で保証金 100 ヶ月とする場合を比較すると，実質的に家賃が高いのはどちらでしょうか。

表5・1　基本構想ビルの面積表

○敷地の概要

敷　地　面　積	①	340 m²
前 面 道 路 幅 員	②	20 m
用　途　地　域	③	商業地域
容積率	指定容積率 ④	700%
	基準容積率 ⑤	700%
延べ面積の最高限度	⑥＝①×⑤	2,380 m²

○計画建物の容積率と有効率

延　べ　面　積	⑦＝Σ⑬	2,336 m²
容　　積　　率	⑧＝⑦÷①	687%
専 用 面 積 の 合 計	⑨＝Σ⑪	1,530 m²
有　　効　　率	⑩＝⑨÷⑦	65%

○各階床面積

	用　途	⑪ 専用面積 (m²)	⑫ 共用面積 (m²)	⑬＝⑪＋⑫ 床面積 (m²)
塔屋	機械室	0	32	32
8	事務室	200	88	288
7	事務室	200	88	288
6	事務室	200	88	288
5	事務室	200	88	288
4	事務室	200	88	288
3	事務室	200	88	288
2	事務室	200	88	288
1	事務室	130	158	288
合計		1,530	806	2,336

(解答 p. 95)

1・1　建物の賃貸条件を想定する

　想定した建物の立地や仕様に応じて賃貸条件を設定する。状況が類似する建物の賃貸条件を参考に決定することが基本である。

(1)　支払賃料と契約一時金

　日本の賃貸市場では，賃貸借契約締結時に毎

月支払う支払賃料のほか，契約一時金の授受を取り決めることが通常である。賃貸借契約では，賃料を支払うことは契約成立の要件であるが，一時金については法律の定めはなく，**市場の慣行**として定着している。

表5・2 基本構想ビルの各階の賃貸条件（月額）

階	用途	① 専用面積 (m²)	② 支払賃料 (円/m²)	③ 敷金 (月)	④ 運用 利回り (%)	⑤=②×③ ×④÷12 運用益 (円/m²)	⑥=②+⑤ 実質賃料 (円/m²)
塔屋	機械室	0					
8	事務室	200	6,000	10	3	150	6,150
7	事務室	200	6,000	10	3	150	6,150
6	事務室	200	6,000	10	3	150	6,150
5	事務室	200	6,000	10	3	150	6,150
4	事務室	200	6,000	10	3	150	6,150
3	事務室	200	6,000	10	3	150	6,150
2	事務室	200	7,000	10	3	175	7,175
1	事務室	130	10,000	20	3	500	10,500
合計		1,530					

(2) 契約一時金の性格

授受される契約一時金には以下のようなものがある。いずれも契約書で内容を定めるので，一般化は難しい側面がある。類似のビルのデータを参照する場合は，名称だけで判断することなく，個別に**一時金の性格**を確認する必要がある。

(a) 敷金

賃貸借契約締結時に，賃借人から賃貸人へ支払われる金員で，賃借人に家賃の不払いがあった場合に，賃貸人が敷金から不足する家賃に充当することを認めるなど，**債務不履行を担保**するために預かるものである。債務不履行がなければ退去時に全額返却することが基本である[1]。

(b) 権利金

賃貸借契約を締結し，賃借人が**権利を取得する対価**として支払う契約一時金で，賃貸人が収受し，退去時も返却しない。権利設定の対価という性質のほか，**賃料の前払い**の性格もある。

(c) 保証金

店舗ビルや品等の高い事務所ビルなどで授受されることがある。性格は，敷金と同様のことが一般的であるが，金額が大きくなることがある。たとえば，利用頻度が高く，建物の損耗や油汚れが進みやすいために賃借人の交代時には内装や機器の交換が必要となる飲食店舗などでは，賃貸人が支払う工事費の負担を保証金が実質的に緩和する側面がある[2]。預かった金額のうち，**一定額は返還しない**ことをあらかじめ取り決めておくこともある。返還しない部分は，権利金と同様の性格をもっている。

(3) 契約一時金と実質賃料

賃借人から賃貸人に提供する契約一時金は，いずれも賃貸人に経済的利益を与えるが，賃借人が退去する際に返還する預り金と，賃貸人の収入となって返還しない権利金では，経済的利益の程度が異なる。

敷金や保証金などの預り金は，返還する必要が生じるまでは金融機関などで運用することが

---

1) 敷金については，2020（令和2）年4月1日施行の改正民法第622条の2で規定された。
2) 保証金を工事費の支払いに使えば，銀行から工事費を借り入れる必要がなくなる。

可能で，その間の運用益は賃貸人の収入となる。この際の運用益は金融機関から受け取るが，運用益を生み出しているのは不動産を賃貸することで預かる一時金であるので，当該運用益は**不動産賃貸の対価**と考えて，賃料の一部と考える。

このように，契約一時金の運用益を加えた賃料を**実質賃料**といい，式（5・1）で示すことができる。

○**実質賃料＝支払賃料＋一時金の運用益**

……（5・1）

賃貸人が受け取って返還しない権利金について，式（5・1）の右辺第二項は，**一時金の運用益**および**償却額**となる。受け取った権利金を，契約期間に均等に配分して実質賃料を求める考え方である[3]。保証金の一部を返還しない（償却する）場合は，返還しない（償却する）部分と返還する（償却しない）部分に分け，前者を権利金，後者を敷金と同様に計算したうえで合計する。

（4）　基本構想ビル全体の賃貸条件を決める

基本構想ビルの各階の賃貸条件を想定し，表5・2のようにまとめる。

（5）　実質賃料で比較する（例題5－1の解答）

定期に支払う定期金としての賃料（家賃）のほかに，賃貸借契約締結時に一時金を支払うこ

とがある。一時金は法律に規定されたものではなく，さまざまな条件で授受される。異なる条件で授受される賃料は，実質賃料で比較する。

（a）　一時金の名称と条件

例題に示した敷金は預り金で，賃借人の債務不履行を担保することを目的として授受され，債務不履行がない場合は，賃借人の退去時に全額返還されるものである。

（b）　実質賃料の比較

預り金の性格をもつ一時金が授受される場合の実質賃料は，式（5・1）で計算する。

賃貸人が預かった敷金を金融機関に預けるなどによって運用して得られる運用利回りを3％とすると，支払賃料10,000円で10ヶ月の敷金を預かるケースでは；

実質賃料＝支払賃料＋敷金の運用益

＝10,000円/m²＋10,000円×10ヶ月×3%÷12

＝10,250円/m²（月額）

支払賃料9,000円で，100ヶ月の保証金を預かるケースでは；

実質賃料＝支払賃料＋保証金の運用益

＝9,000円/m²＋9,000円×100ヶ月×3%÷12

＝11,250円/m²（月額）

したがって，両者を比較すると，後者のほうが月額1,000円/m² 実質賃料が高くなる。

【例題5－2】

建物の仕様によってイニシャルコストとランニングコストが異なります。イニシャルコストをかけてランニングコストを抑えるほうがよいのか，その逆がよいのか，基本構想ビルの仕様は，不動産の収益価格にどのように反映するのでしょうか。

(解答 p.96)

1・2　建物の純収益を想定する

（1）　純収益とはなにか

実質賃料が高い場合でも，それを維持するた

めの費用が高い場合は，正味（ネット）の収入は低下し，不動産の価値も低くなる。不動産の価値は，正味の収入をもとにして求めることが

---

3) 単純に契約期間で割るのではなく，運用益も考える。計算には年賦償還率を用いる（年賦償還率については，巻末153ページで別途に用語解説する）。

96 第5章 不動産の収益価格を評価する

基本である。不動産の正味の収入を**純収益**という。

純収益は，式（5・2）で求める。

○**純収益＝総収益－総費用** ……（5・2）

（a） 総収益

対象不動産から得られる収入の合計（グロス）を**総収益**という。専用部分を賃貸することで得られる家賃収入のほか，駐車場収入，看板使用料などがある場合は，これらも加算する[4]。

（b） 総費用

賃貸借契約を継続するために必要となる費用の合計を**総費用**という。不動産鑑定評価基準では，必要諸経費等として，表5・3を規定している。

表5・3 総費用の内訳

	項　目	内　容
i	減価償却費	建物の償却額（躯体・設備）
ii	維持管理費	維持費，管理費，修繕費等
iii	公租公課	固定資産税，都市計画税等（土地・建物）
iv	損害保険料	火災，機械，ボイラー等
v	貸倒れ準備費	不払いによって家賃を回収できない場合の収入減
vi	空室等による損失相当額	空室のために減少する収入減

総費用は大きく，建物の建設費や不動産の価格と関係が深い項目（i，iii，iv），建物の性能と関係が深い項目（ii），および不動産市場と関係が深い項目（v，vi）に分けることができる。類似する地域内にある類似の土地・建物の数値をもとに，費用を想定して合計する。

（2） 基本構想ビルの純収益を計算する

基本構想ビルの各階の賃貸条件（表5・2）をもとに総収益を求める。次に，表5・3に基づいて総費用を想定し，総収益から総費用を引

表5・4 基本構想ビルの純収益

○総収益

階	用　途	① 専用面積 （m²）	② 実質賃料 〈月額〉 （円/m²）	③＝ ①×②×12 総収益 〈年額〉 （円）
塔屋	機械室	0		
8	事務室	200	6,150	14,760,000
7	事務室	200	6,150	14,760,000
6	事務室	200	6,150	14,760,000
5	事務室	200	6,150	14,760,000
4	事務室	200	6,150	14,760,000
3	事務室	200	6,150	14,760,000
2	事務室	200	7,175	17,220,000
1	事務室	130	10,500	16,380,000
合計		1,530		122,160,000

○総費用

番　号	項　目	計算式	金　額
i	減価償却費		
ii	維持管理費		
iii	公租公課	※本来は項目ごとに計算するが，ここでは総収益の30％とする。	
iv	損害保険料		
v	貸倒れ準備費		
vi	空室等による損失相当額		
④	合計　〈年額〉（円）		36,648,000

○純収益

③ 総収益 〈年額〉 （円）	④ 総費用 〈年額〉 （円）	⑤＝③－④ 純収益 〈年額〉 （円）
122,160,000	36,648,000	85,512,000

いて純収益を求める（表5・4）。

（3） 建物の仕様を価格に反映する
　　（例題5－2の解答）

不動産の価格は，総収益から総費用を引いた純収益をもとに評価する。一般に，イニシャルコストをかけ，良質な仕様の建物を建築すると家賃収入（総収益）は上昇する。総費用は，不動産の賃貸借を継続して家賃収入を持続的に得

4）共益費や水道光熱費などは実費を支払うことを前提として，総収益にも総費用にも計上しないことを基本とするが，これらの費目で一定額を受け取る場合は，その金額を総収益に含むとともに，実費を総費用に計上する。

るために必要となる費用の合計で，建物の維持管理費を含む。良質な仕様の建物は，維持管理費を相対的に低く抑えることができる傾向がある。逆に，良質とは言えない仕様の建物は維持管理の頻度を高くする必要があり，相対的に維持管理費が高くなる傾向がある（総費用）。

建物の仕様は，総収益，総費用の両者と密接に関係する。収益価格を求める場合，イニシャルコストは求める収益価格に含まれるので，計算の過程ではさほど問題にならないが，維持管理費は総費用の一部を構成し，価格に影響を与える。このため，類似の仕様の建物の維持管理費を参考にするなどの方法で，慎重に計上する必要がある。

> 【例題5−3】
> 毎年得られる純収益を，どのような方法で価格に換算するのですか。
> (解答 p.99)

1・3　収益還元の方法を決定する

(1)　現在価値と将来価値

銀行に預金をすると，1年後には1年間の利息がついて元利合計額が増加する。複数年預けると，複利で元利合計額が増える。この場合の換算式，すなわち，現在価値から将来価値を求める式は，図5・1の①の換算式のとおりである。

ここで用いられる財務関数 $(1+r)^n$ を **複利終価率** という。複利終価率は，1円を利率 r で n 年間複利運用した場合に，n 年後にいくらになるかを示す。

逆に，将来の金額を現在の価値に換算することが必要な場合もある。①の換算式の両辺を $(1+r)^n$ で割ると②の換算式となり，この財務関数 $1/(1+r)^n$ を **複利現価率**[5] という。複利現価率は n 年後の1円を現在価値に複利で換算（割引き）した場合に，いくらの価値があるかを示す。

不動産や金融の分野では，異なる時期に発生する費用や収入を実額（**キャッシュフロー**）でとらえたうえで，同時期に発生するものとして換算して集約し，優劣を判定するなどが必要となる。複利終価率や複利現価率は，そのような場面で必須の概念である。

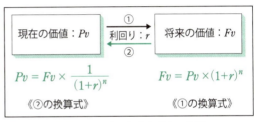

図5・1　現在の価値と将来の価値

(2)　収益価格を多面的に理解する

(a)　一般式で理解する

収益価格の定義は「将来純収益の現在価値の総和」で，どのような収益還元法であっても次の手順を踏む。すなわち，① 将来純収益を予想し，② 現在価値に換算して，③ 総和を求める。

これを式で示すと，図5・2の式 (5・3) のとおりである。

$$P = \sum_{i=1}^{n} \left\{ B_i \times \frac{1}{(1+r)^i} \right\} \quad \cdots\cdots (5・3)$$

P＝収益価格　　B_i：i 年目の純収益

$\dfrac{1}{(1+r)^i}$：複利現価率

図5・2　収益価格を式で理解する

---

5) 巻末153ページで別途に用語解説する。

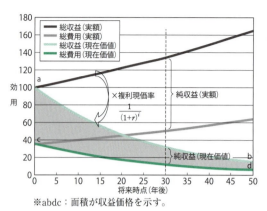

※abdc：面積が収益価格を示す。

図5・3 収益価格をグラフで理解する

・初年度の総収益	1,000,000円
・2年目以降の総収益の上昇率	3%
・初年度の総費用	300,000円
・2年目以降の総費用の上昇率	2%
・割引率	5%

複利現価率
$$\frac{1}{(1+r)^n}$$
将来の1円の現在価値

(単位：千円)

	年数	1	2	3	4	5	6	7	8
総収益	①	1,000	1,030	1,061	1,093	1,126	1,159	1,194	1,230
総費用	②	300	306	312	318	325	331	338	345
純収益	③=①−②	700	724	749	775	801	828	856	885
複利現価率	④	0.9524	0.9070	0.8638	0.8227	0.7835	0.7462	0.7107	0.6768
現在価値	⑤=③×④	667	657	647	638	628	618	608	599
総和(合計)	⑥=Σ⑤	5,062							

図5・4 収益価格を表で理解する

(b) グラフで理解する

収益価格をグラフで示したものが図5・3である。

まず，総収益（実額）と総費用（実額）の差を将来の純収益（実額）として把握する（① 将来純収益の予想）。次に，これに複利現価率を掛けて，純収益（現在価値）を求める（② 現在価値に換算）。その後，各年の純収益（現在価値）を合計して収益価格を求めるが，グラフでは，総収益（現在価値）と総費用（現在価値）の間の面積 abdc が**収益価格**を示している（③ 総和＝面積）。

図では，総収益（実額）は逓増すると予想しているが，これを現在価値に換算すると逓減する。さらに，遠い将来の純収益の現在価値は0となって，価格には反映されないことがわかる。永久に稼ぎ続ける土地所有権から得られる将来の純収益の実額（キャッシュフロー）を合計すると無限大になるにもかかわらず，所有権の価格が一定値に収斂するのはこのためである。

図は割引率 r=5％ で計算し，50年間の収益価格を示しているが，永久の収益価格を100％ とすると，50年の価格は90％ 程度，100年の価格は99％ 程度となる。

また，図からわかるように，収益価格の正確さを左右するのは遠い未来の収益の予想ではなく，近未来の収益予想である。証券化不動産の評価で用いる **DCF 法**では，一般に10年間の賃貸経営についてキャッシュフローを精緻に予想したうえで，10年目が終わろうとする最終日に次の投資家に売却する場合の売却収益を想定して，両者を現在価値に換算して合計する。合計額を100％ とすると，両者はそれぞれ50％ 程度であり，DCF法では転売価格を適切に予想することも重要となる。

(c) 表で理解する

収益価格を表で示したものが図5・4で，想定条件は図中に示すとおりである。

純収益は直接求めることができないことにより，まず総収益を求め，次に総費用を求めて控除する。1年目の純収益は700千円，8年目は885千円と増加するが，複利現価率を掛けて現在価値に換算すると，1年目が667千円，8年目が599千円と逆転する。これは図5・3のグラフで理解したことと一致する。

現在価値に換算した将来純収益を合計して収益価格を求めると，5,062千円となる。実際に収益価格を求める場合は，図5・4をより詳細に，より長期に計算する。

(3) 利用しやすい式を導く

(a) 一般式を変形する

収益価格は，一般式である式（5・3）に基

づき，図5・4のように，表計算ソフトを利用して求めることが一般的である。一方で，電卓でも計算できる程度に簡略化したい，図5・4では永久の価値を求めることが容易ではない，などにより，前提をおいて式（5・3）を変形して利用することがある。

将来の純収益を一定と想定し，それが永続する場合は図5・5の式（5・4）で，一定期間（n年間）だけ継続する場合は式（5・5）のように変形できる。式（5・4）は無限等比級数の和を求める公式により，式（5・5）は有限等比級数の和を求める公式により変形したものである。両式とも，1年間の純収益をもとに求めたい期間に対応する収益価格を直接的に算出することから，直接還元法といい，式（5・4）を永久還元式，式（5・5）を有期還元式という。

式（5・5）の$\frac{(1+r)^n-1}{r(1+r)^n}$は，複利年金現価率[6]といわれる財務関数で，現在からn年間にわたり毎年1円を積み立てる場合の積立金（総額n円）を現在価値に換算して合計した金額を示したものである。

両式とも使いやすく簡便化された有用な収益還元式であるが，特に式（5・4）において

は，計算上は割り算（$a\div r$）で求めるとしても，本質は足し算であることを理解することが重要である。

（b）　直接還元法（永久還元式）を採用する

収益還元の方法のうち，最も単純化された収益還元式（5・4）を適用し，例題敷地上の基本構想ビル収益価格を求める。

耐用年数があり，永久に利用することができない建物を含む不動産の価格を求める際に永久還元式を採用できる理由は，以下のとおりである。

総費用には減価償却費を計上している。減価償却費を積み立てれば，建物が耐用年数を迎えた時点で，建て替えるための費用が準備できる。この費用を用いて建て替えれば，収益が継続する。このようにして，建替えを繰り返せば収益は永続する。

（4）　収益還元の方法（例題5－3の解答）

（a）　直接還元する

収益価格は，鑑定評価の方式の中でも最も理論的な方式である。収益還元の方法にはいくつかの方法があるが，① 将来の純収益は一定である，② 純収益は永続する，という2つの前提に立つと，収益価格は式（5・4）で求めることができる。

［前提条件］　① 純収益は一定である，② 純収益は永続する。

$$\text{収益価格}=\frac{a}{(1+r)}+\frac{a}{(1+r)^2}+\frac{a}{(1+r)^3}+\cdots+\frac{a}{(1+r)^n}+\cdots=a\times\frac{1}{r} \qquad \cdots\cdots(5\cdot4)$$

　a：1年間の純収益（式（5・3）のB_iを一定としてaと表記），　r：利回り（還元利回り）

［前提条件］　① 純収益は一定である，② 純収益は有期である。

$$\text{収益価格}=\frac{a}{(1+r)}+\frac{a}{(1+r)^2}+\frac{a}{(1+r)^3}+\cdots+\frac{a}{(1+r)^n}=a\times\frac{(1+r)^n-1}{r(1+r)^n} \qquad \cdots\cdots(5\cdot5)$$

　a：1年間の純収益（式（5・3）のB_iを一定としてaと表記），　r：利回り（還元利回り），　n：期間

図5・5　収益還元式の変形

6）　巻末153ページで別途に用語解説する。

$$P = a \times \frac{1}{r} = \frac{a}{r} \qquad \cdots\cdots (5 \cdot 4 ; 再掲)$$

P：収益価格，　a：1年間の純収益，

r：還元利回り

(b)　基本構想ビルの収益価格を求める

表5・4で求めた純収益に式（5・4）を適用し，還元利回りを5%として収益価格を求めると，表5・5のとおりとなる。

表5・5　収益価格査定表

① 純収益〈年額〉 （円）	② 還元利回り （%）	③=①÷② 収益価格 （円）
85,512,000	5	1,710,240,000

第2節　建物の一部分の価格を求める必要性

2・1　不動産の所有と利用の方法が高度化する
(1)　1棟の建物を区分所有する

日本の不動産制度では，土地と建物に別々の所有権を認めている。**建物所有権**は1棟全体で**一つが基本**である（図5・6）。これに対して，**分譲マンション**では1棟の中に**複数の所有権**がある。一定の高度利用を実現しつつ，建物を所有する仕組みとして認められる建物所有の方法である。このような建物所有の方法は，日本の建物所有の例外として**建物の区分所有等に関する法律**（以下，「区分所有法」という。）の適用を受ける。区分所有法の適用を受けて，1棟の建物を複数の専有部分に分割して所有する建物所有権を**区分所有権**という。

区分所有法は，住宅に限って適用されるものではなく，どのような用途であっても同法に合致する造り方をする建物は区分所有することができる。都市再開発法に基づく**市街地再開発事業**では区分所有法を適用することが多く，再開発によって建設される建物は，事務所，店舗，駐輪場などの用途に関わらず区分所有権により所有されることが少なくない。

事務所ビルを区分所有する場合には，図5・7のように，建物のある階について一つの区分所有権とする場合（5階など），ある階をさらに複数の区分所有権に分割する場合（3階など）がある。区分所有権は一の所有者が所有することが通常であるが，一の区分所有権を複数で共有することもある（4階，地下1階）。

区分所有権の価格を求める場合，1棟の建物の各部分の価格を求める必要がある。

(2)　建物の一部を賃貸する

建物全体が一の所有権に属する場合でも，都市部に立地する一定規模以上の建物の場合は，一棟全体を一の賃借人に賃貸するのではなく，建物を複数の専用部分に**分割して賃貸**することもある。賃料を評価する方法のうち，賃貸する部分の価格をもとに賃料を査定する方法を採用する場合は，1棟の建物の一部の価格を評価したうえで，その部分の賃料を評価する。

(3)　上空や地下を利用する権利を設定する
(a)　空中権を移転する

2014年に建て替えた東京駅は，駅舎機能

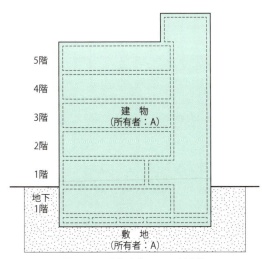

図5・6　建物全体で一の所有権

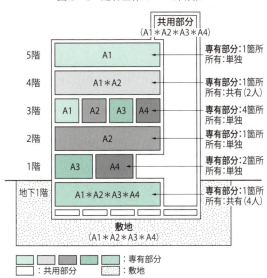

図5・7　建物の区分所有

として利用しない容積率を周辺のビルに移転し、その対価として受け取った金員を建築費用に充当した。**特例容積率適用地区**の制度では、このような容積率移転が行われる。また、連担建築物設計制度でも同様に容積率を移転することができる。

都市再生でこのような方法を用いる場合、**空間を利用する権利**（空中権）を移転する対価を評価する必要がある。

(b) 地下の一部を利用する

東京都環状二号線は、マッカーサー道路ともいわれ、計画から70年近くも実現されないままであったが、立体道路制度を利用して2014年に完成した（虎ノ門、新橋間）。東京都は民間の土地の地下を使って環状二号線を開設する一方、土地所有者は建物を建て、敷地を有効利用をすることが可能となった。

都市再生でこのような方法を用いる場合、**地下を利用する権利**（区分地上権）を設定し、その対価を支払う。

図5・8 空中権を移転した東京駅

図5・9 地下を道路が通る建物

【例題5-4】

事務所ビルの1フロアーを買いたいと思っています。賃貸事務所1フロアーの価格（床価格）をどのように求めればよいでしょうか。

(解答 p.103)

2・2 建物の一部分の価格の求め方

(1) 建物の床価格

建物の1フロアーを購入することは、そのフロアーの区分所有権を購入することを意味する。この場合に注意する点は、以下のとおりである。

① 床価格は、建物価格だけでなく土地価格を含んだ価格、つまり、不動産価格である。

② 建物の床の価値が階や位置によって異なる場合は、その価値の違いを価格に反映する必要がある（基本原則3）。

(2) 区分所有権の価格を求める

(a) 専有面積の割合を用いる方法

区分所有法では、区分所有者が有する敷地利用権や建物の共用部分の持分割合は、専有面積比によると規定している。これを根拠に、区分所有権の価格について、式(5・6)で求めることが考えられる。

○区分所有権の価格＝1棟全体の土地建物価格×（区分所有権の専有面積/専有面積の合計） ……（5・6）

もっとも，区分所有法の規定は，敷地利用権や共用部分の持分を定めたものであり，専有部分の価格そのものを規定しているわけではない。階や位置によって価値に違いがない区分所有建物内の区分所有権であれば，式（5・6）を用いることに妥当性がある。

(b) 階層別位置別効用比率を用いる方法

建物の一部分の価格を求める方法として，一般に利用されている方法である。その考え方は総論（例題1―2）で記載したとおり，土地と建物の合計金額を求め，これに階層別位置別効用積数割合を掛けて求める。この方法では，土地価格を求める，建物価格を求める，階層別効用比率や位置別効用比率を求めるなどが必要であるが，これらにはそれぞれ専門性が求められる。

(c) 収益還元法を立体的に適用する方法

鑑定評価手法の中でも理論的な収益還元法は，建物全体から得られる純収益を還元することが一般的である（表5・5）。これに対し

て，階ごとに収益還元法を適用して求めた各階の不動産価格を合計しても，同じ結果になる（表5・6）。

表5・6のように，**収益還元法**を立体的に適用すれば，建物の**各階の不動産価格**を直接求めることができる。階層別位置別効用比率の考え方を用いて求める方法と比較すると，より簡便，かつ直接的に建物の一部分の価格を求めることができる。

(3) 事務所ビルの床価格の評価
　　（例題5―4の解答）

区分所有建物の専有部分など，建物の一部の床価格を評価する場合，階や位置によって価値が異なる場合は，価値の違いを価格に反映する必要がある。

区分所有権の評価では，一般に，階や位置による床の価値の違いを効用比として把握し，専有面積を加味した階層別位置別効用積数割合によって1棟の価格を按分する（例題1―2参照）。

事務所ビルなど，収益性が重要な建物の床価格は，評価対象部分に収益還元法を適用して価格を求めることができる。この方法によれば，専有部分の価格を直接求めることができる。表

表5・6　収益還元法を立体的に適用して求めた不動産価格

階	用　途	① 専用面積 （m²）	② 実質賃料 〈月額〉 （円/m²）	③=①×②×12 総収益 〈年額〉 （円）	④=③×30% 総費用 〈年額〉 （円）	⑤=③−④ 純収益 〈年額〉 （円）	⑥ 還元利回り （%）	⑦=⑤÷⑥ 不動産価格 （土地建物価格） （円）
塔屋	機械室	0						
8	事務室	200	6,150	14,760,000	4,428,000	10,332,000	5	206,640,000
7	事務室	200	6,150	14,760,000	4,428,000	10,332,000	5	206,640,000
6	事務室	200	6,150	14,760,000	4,428,000	10,332,000	5	206,640,000
5	事務室	200	6,150	14,760,000	4,428,000	10,332,000	5	206,640,000
4	事務室	200	6,150	14,760,000	4,428,000	10,332,000	5	206,640,000
3	事務室	200	6,150	14,760,000	4,428,000	10,332,000	5	206,640,000
2	事務室	200	7,175	17,220,000	5,166,000	12,054,000	5	241,080,000
1	店　舗	130	10,500	16,380,000	4,914,000	11,466,000	5	229,320,000
合計		1,530		122,160,000	36,648,000	85,512,000		1,710,240,000

5・6は，収益還元式のうち，最も単純化された直接還元法（永久還元式）を用いて求めた例である。

2・3 空中や地下を利用する対価を求める方法

空中を利用する権利（容積率）を他の敷地に移転する場合や，地下鉄や地下道のために建築可能な建物が制約を受けて土地の利用価値が低下する場合，容積率の移転を受けて利益を得る者や，地下を利用することで土地所有者に不利益を与える者が土地所有者に対して適正な対価を支払うことが必要となる。

(1) 空中権の価格

表5・6において，6〜8階分の容積率を他の敷地に移転すると，移転後は5階建てまでしか建築できない土地となる。6〜8階分に相当する土地価格相当額の価値が減少するので，その価格を移転先の土地所有者が支払う。表5・6の⑦の不動産価格は，土地と建物の価格の合計であるので，6〜8階について，各階の不動産価格から建物価格を引いた土地価格が容積率移転の対価となる。この際の建物価格は，専用部分を利用するために必要な建築費であり，共用部分の建築費を含んで考える。

(2) 地下を利用する権利の価格

地下に道路や地下鉄を建設する場合，地下のトンネルなどが壊れないよう荷重制限がかけられることがある。図5・10は，最有効使用が地下1階地上8階の9層の建物である土地について，10m以深について地下鉄のために利用権（区分地上権）を設定したケースで，荷重制限

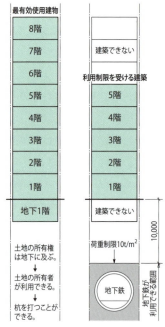

図5・10 荷重制限によって失われる価値

が10 t/m^2 とされている。1層当たりの重さが2 t/m^2 の一般的な建物を想定すると，建てられる高さは5層に制限される。制約によって建築できなくなる4層分の土地価格相当額を補償してもらうことになる。この場合の補償額も容積率移転と同様に求める。

上空や地下を利用する権利の価格を評価する場合，収益還元法を立体的に適用する方法が有用となる。階ごとの土地建物価格を求めた上で建物価格を引くと土地価格が求められるが，この場合の土地価格は，土地価格というよりも空間価値というのがより適切である。空間価値は，容積率移転や地上権設定価格を端的に表示するものである。

第３節　建築プロデュース：演習２（価格評価）

３・１　価格評価の方法

　例題敷地について，収益還元式（５・４）を１棟の建物から期待される純収益の合計に適用して求めた収益価格（表５・５）と，階ごとに適用して求めた価格の合計（表５・６）が一致することが確認できた。

　そこで，演習敷地については，表５・６の考え方に基づいて，敷地Ｘ，敷地Ｙ，敷地XYの価格を求める。

３・２　基本構想に基づく敷地ごとの不動産価格

① 　敷地Ｘ　　表５・７の⑪の合計欄のとおり，110,269,060 円である。

② 　敷地Ｙ　　表５・８の⑪の合計欄のとおり，474,022,500 円である。

③ 　敷地 XY　　表５・９の⑪の合計欄のとおり，836,388,280 円である。

表５・７　敷地 Ｘ の不動産価格の評価

階	用 途	① 専用面積 (m²)	② 支払賃料 (円/m²)	③ 敷金 (月)	④ 運用利回り (%)	⑤=②×③×④÷12 運用益 (円/m²)	⑥=②+⑤ 実質賃料 〈月額〉	⑦=①×⑥×12 総収益 〈年額〉 (円)	⑧=⑦×30% 総費用 〈年額〉 (円)	⑨=⑦-⑧ 純収益 〈年額〉 (円)	⑩ 還元利回り (%)	⑪=⑨÷⑩ 不動産価格 (土地建物価格) (円)
2	店舗	37.18	5,600	10	3	140	5,740	2,560,958	768,287	1,792,671	5	35,853,420
1	店舗	34.33	8,000	20	3	400	8,400	3,460,464	1,038,139	2,422,325	5	48,446,500
地下 1	店舗	26.93	5,600	10	3	140	5,740	1,854,938	556,481	1,298,457	5	25,969,140
合計		98.44						7,876,360	2,362,907	5,513,453		110,269,060

表５・８　敷地 Ｙ の不動産価格の評価

階	用 途	① 専用面積 (m²)	② 支払賃料 (円/m²)	③ 敷金 (月)	④ 運用利回り (%)	⑤=②×③×④÷12 運用益 (円/m²)	⑥=②+⑤ 実質賃料 〈月額〉 (円/m²)	⑦=①×⑥×12 総収益 〈年額〉 (円)	⑧=⑦×30% 総費用 〈年額〉 (円)	⑨=⑦-⑧ 純収益 〈年額〉 (円)	⑩ 還元利回り (%)	⑪=⑨÷⑩ 不動産価格 (土地建物価格) (円)
塔屋	機械室	0.00										
8	事務室	47.50	6,000	10	3	150	6,150	3,505,500	1,051,650	2,453,850	5	49,077,000
7	事務室	47.50	6,000	10	3	150	6,150	3,505,500	1,051,650	2,453,850	5	49,077,000
6	事務室	47.50	6,000	10	3	150	6,150	3,505,500	1,051,650	2,453,850	5	49,077,000
5	事務室	47.50	6,000	10	3	150	6,150	3,505,500	1,051,650	2,453,850	5	49,077,000
4	事務室	47.50	6,000	10	3	150	6,150	3,505,500	1,051,650	2,453,850	5	49,077,000
3	事務室	47.50	6,000	10	3	150	6,150	3,505,500	1,051,650	2,453,850	5	49,077,000
2	店舗	47.50	7,000	10	3	175	7,175	4,089,750	1,226,925	2,862,825	5	57,256,500
1	店舗	42.00	10,000	20	3	500	10,500	5,292,000	1,587,600	3,704,400	5	74,088,000
地下 1	店舗	40.00	7,000	10	3	175	7,175	3,444,000	1,033,200	2,410,800	5	48,216,000
合計		414.50						33,858,750	10,157,625	23,701,125		474,022,500

表５・９　敷地 XY の不動産価格の評価

階	用 途	① 専用面積 (m²)	② 支払賃料 (円/m²)	③ 敷金 (月)	④ 運用利回り (%)	⑤=②×③×④÷12 運用益 (円/m²)	⑥=②+⑤ 実質賃料 〈月額〉	⑦=①×⑥×12 総収益 〈年額〉 (円)	⑧=⑦×30% 総費用 〈年額〉 (円)	⑨=⑦-⑧ 純収益 〈年額〉 (円)	⑩ 還元利回り (%)	⑪=⑨÷⑩ 不動産価格 (土地建物価格) (円)
塔屋	機械室	0.00										
8	事務室	77.00	6,500	10	3	163	6,663	6,156,612	1,846,984	4,309,628	5	86,192,560
7	事務室	77.00	6,500	10	3	163	6,663	6,156,612	1,846,984	4,309,628	5	86,192,560
6	事務室	77.00	6,500	10	3	163	6,663	6,156,612	1,846,984	4,309,628	5	86,192,560
5	事務室	77.00	6,500	10	3	163	6,663	6,156,612	1,846,984	4,309,628	5	86,192,560
4	事務室	77.00	6,500	10	3	163	6,663	6,156,612	1,846,984	4,309,628	5	86,192,560
3	事務室	77.00	6,500	10	3	163	6,663	6,156,612	1,846,984	4,309,628	5	86,192,560
2	店舗	77.00	7,500	10	3	188	7,688	7,103,712	2,131,114	4,972,598	5	99,451,960
1	店舗	70.00	11,000	20	3	550	11,550	9,702,000	2,910,600	6,791,400	5	135,828,000
地下 1	店舗	65.00	7,500	10	3	188	7,688	5,996,640	1,798,992	4,197,648	5	83,952,960
合計		674.00						59,742,024	17,922,607	41,819,417		836,388,280

106　第5章　不動産の収益価格を評価する

表5・10　基本構想に基づく敷地ごとの土地価格

	① 不動産価格 （土地建物価格） （円）	② 延べ面積 （m²）	③ 建築単価 （円/m²）	④＝②×③ 建物価格 （円）	⑤＝①－④ 土地価格 〈総額〉 （円）
敷地X	110,269,060	98.44	300,000	29,532,000	80,737,060
敷地Y	474,022,500	568.50	300,000	170,550,000	303,472,500
敷地XY	836,388,280	868.00	300,000	260,400,000	575,988,280

3・3　基本構想に基づく敷地ごとの土地価格

　3・2の価格は，家賃収入を収益還元して求めたもので，土地と建物の価格の合計である。この価格から建物価格を引いて土地価格を求めると，表5・10のとおりになる。

　表5・10から敷地Xと敷地Yをそれぞれ単独で利用する場合の土地価格と，二つの土地を一体化し，敷地XYとして利用する場合の土地価格を比較すると，一体化する場合の**土地価格が高くなる**。演習敷地では，一体利用によって土地価格は149.9％に増加している（表5・11の④）。

　収益還元法は，近接する不動産価格の価格差を精緻に把握できることもメリットの一つである。

表5・11　単独利用と一体利用の土地価格

利 用 区 分			土地価格 （円）	割合 （%）
単独利用	敷地X	①	80,737,036	21.0
	敷地Y	②	303,472,500	79.0
	合計	③ ＝①＋②	384,209,536	100.0
一体利用	敷地XY	④	575,988,280	149.9
土地価格の変化		⑤ ＝④－③	191,778,744	49.9

第6章　事業収支計画を作成する

第1節　事業収支計画をつくるプロセス

事業収支計画では，対象地に想定する建築プロジェクトを実現するために必要な費用と，完成後に予定する賃貸経営の収入と支出を想定して賃貸事業経営の収支を予想し，**建築プロジェクトの健全性**や実効の可否の判定につなげる。第1節では，想定する建築プロジェクトの立ち

上げに必要となる費用とその調達，賃貸経営で期待される収入と支出について解説する。

事業収支計画を作成するプロセスをイメージしやすくするため，例題敷地で計画する建築プロジェクトの具体的な数値で確認する。

【例題6−1】

　賃貸事業収支の計算に際し，事業スキームや事業スケジュールを考える理由はなんですか。

(解答 p.109)

1・1　建物賃貸事業の概要を確認する

(1)　確認する項目

(a)　事業スキーム

　土地の購入から始めるのか，土地はすでに所有しているのかなど，事業スキームは事業スケジュールや収支項目に影響する。どのような事業スキームでプロジェクトを展開するのか，事業スキーム図を作成して確認する（図6・1の上段左）。ここでは，土地を購入して建物を新築する事業を想定する。

(b)　プロジェクトの立地

　計画対象地の立地は，収支に大きく影響する。そのため，どのような立地にあるか確認し，併せて，競合施設の家賃水準や入居率などを調査する（図6・1の中段左）。

(c)　計画建物の概要

　想定する建物の建築計画の内容は，収支に大きく影響する。そのため，どのような建物を建築しようとするのか，平面図などを確認

する（図6・1の中段右）。

(d)　事業スケジュール

　賃貸事業は，通常数十年の長期に及ぶ事業となる。建物が完成して賃貸収入を得るまでの準備期間は，全事業期間の長さと比較するといかにも短い期間であるが，費用の支払時期や額などに影響するので，項目ごとのスケジュールを作成する（図6・1の下段）。

(e)　面積表

　建築プロジェクトでは，容積率を意識して建築計画を作成する。各階の床面積は，賃貸借契約の対象部分で，賃料収入計算の基礎となる専用部分と共用部分に区分して集計する（図6・1の上段右）。

　容積率と延べ面積の関係については，実際に施工されて造られる床の中に，容積率計算上の延べ面積に含まれない部分があることに注意する。また，床の中には利用するにもかかわらず，床面積の定義に含まれない部分[1]

---

1)　例題敷地上の想定建物にはこのような部分はないが，図4・9に示す代替案では，屋外階段や避難用バルコニーは床面積に含まれない一方，工事費は必要となる。延べ面積，容積率については，巻末152ページで別途に用語解説する。

108　第6章　事業収支計画を作成する

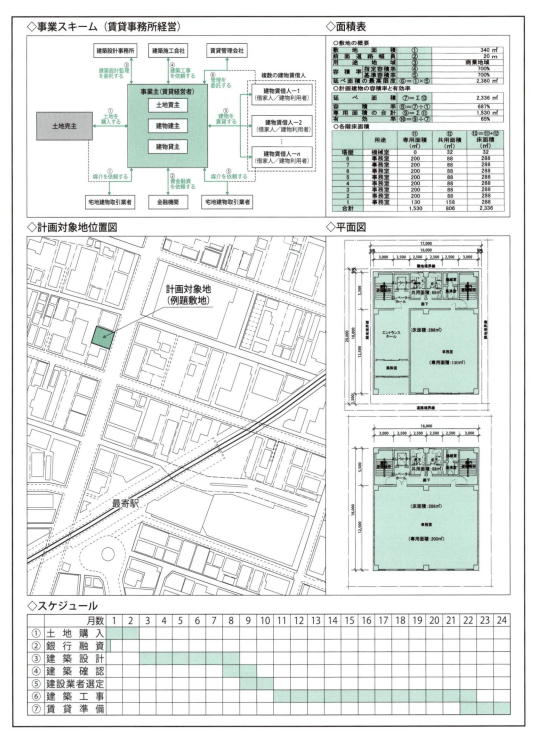

図6・1　建築プロジェクトの概要表

もある。

建築工事費は一般に，式（6・1）で求めるが，面積の集計方法は工事費に影響するので，延べ面積の集計方法と建築単価の推定に用いる床面積が同一のものかどうか確認する必要がある。

○**建築工事費＝建築単価×延べ面積**…（6・1）

（2） 事業スキームを確認する

（例題6−1の解答）

図6・1上段左に示す事業スキームは，建物賃貸型の建築プロジェクトで，どのような行為を，誰と協力して行うかを示している。建物賃貸型の建築プロジェクトは，個々のケースに応じて多様な選択肢の中から最適な方法を選択して事業構築することから，建築プロジェクトで採用する事業方式や関係者の全体像を明確にする必要がある。それによって，必要な行為や費用が明確になり，適切な事業収支を計画する前提が整う。

事業スケジュールは，開発期間中に必要となる時間と費用を把握するために必要となる。また，不動産市場では季節により需要が変化することもあり，工事が完成して運営を開始する時期を確認するためにも，事業スケジュールを確認することが大切である。

【例題6−2】

賃貸型の建築プロジェクトでは，土地購入費と建物建築費のほかどのような費用が必要ですか。

(解答 p. 112)

1・2 プロジェクトの準備期間中に必要となる費用

（1） 準備期間中に必要な費用項目

初期投資額は，土地を取得するための費用，建物を建築するための費用，その他の費用の3つに大別できる（表6・1）。

（a） 土地関連費

土地購入費，造成費，地盤改良費，公租公課，手数料などがある。このうち，公租公課としては，不動産取得税，登録免許税，準備

表6・1 プロジェクトの準備期間中の費用項目

区　　分		項　　　目
土地関連費		土地購入費，造成費，地盤改良費，公租公課，手数料など
建物関連費		建築工事費，設計監理費，測量費，地質調査費，公租公課など
その他	開発関連費	開発負担金，近隣対策費，解体費，立退き料，土壌汚染対策費，金利，予備費など
	開業費	人件費，広告宣伝費，募集費用など

期間中の固定資産税，印紙税などが必要となる。手数料は，宅地建物取引業者に支払う土地の媒介手数料や，司法書士に支払う所有権移転登記や抵当権設定登記の手数料などがある。

（b） 建物関連費

建物の設計から完成，利用開始までに必要となる費用で，**建築工事費，建築設計監理費，測量費，地質調査費，公租公課，手数料**などがある。公租公課としては，不動産取得税，登録免許税，印紙税などがあり，手数料としては，土地家屋調査士に支払う表示登記の手数料，司法書士に支払う所有権保存登記の手数料などがある。

（c） その他の費用

開発関連費と**開業費**に大別できる。

開発関連費には，**開発負担金，近隣対策費**，既存建築物の**解体費用**，賃借人などの**立退き費用**や**土壌汚染対策費用**がある。また，準備期間中の金利や計画変更，材料費や人件

費の急騰，突発的なアクシデントに備えるための**予備費**を計上する。開業費としては，賃貸経営の**開業準備費用**として，人件費，広告宣伝費用，賃借人の募集費用などが必要となる。

その他の費用は，必ずしもすべてのプロジェクトに必要となるわけではなく，ケースに応じて必要な費目を計上する。

(2)　準備期間中に必要な費用を求める

例題敷地の建築プロジェクトで必要となる費用のうち，主なものの求め方は以下のとおりである。表6・2は項目ごとの考え方と金額を示している[2]。

(a)　土地購入費

都市部で広く開示されている**相続税路線価**を利用して購入価格を推定する。相続税路線価は，**地価公示価格の80%**を目安にしているので，相続税路線価を0.8で割ると，地価公示価格相当額を知ることができる。地価公示価格は土地取引の指標とする価格であるので，相続税路線価を利用して求めた地価公示価格相当額に土地面積を乗じたものを土地の購入価格とする（表6・2①）。

(b)　建築工事費

想定する建物の規模と仕様を考慮のうえ，開示されている建築コスト情報[3]，周辺の類似建物の建築費のヒアリングなどにより，建築単価を想定する（表6・2⑨）。

(c)　印紙税

土地の**売買契約**，銀行から融資を受ける際の**金銭消費貸借契約**，建築の**請負契約**で印紙税が必要となる。印紙税の税額は，契約の種類と契約書に記載された金額に応じて決められ

た額を納付する（表6・2②，③，⑩）。なお，抵当権設定契約には印紙税はかからない。

(d)　登録免許税

土地を購入する際の**所有権移転登記**，銀行から融資受ける際の**抵当権設定登記**，建物を新築する際の**所有権保存登記**について，登録免許税が必要となる（表6・2④，⑤，⑪）。

土地の所有権移転登記にかかる登録免許税の課税標準は，固定資産税評価額を利用することになっている。土地の固定資産税評価額は，**地価公示価格の70%**が目安であるので，土地購入費（表6・2①）で求めた地価公示価格相当額に70%を掛けて算出する。建物の所有権保存登記にかかる登録免許税の課税標準も固定資産税評価額であるが，建物については土地のような規定はなく，慣行的に新築工事費の60%程度のことが多いことを利用する。なお，建物を新築した場合の表示登記には登録免許税はかからない。

(e)　不動産取得税

土地の購入，建物の新築に対して，**不動産取得税**が課税される（表6・2⑥，⑫）。課税標準は，登録免許税と同様である。

(f)　建築設計監理料・手数料など

測量費，地質調査費，建築設計監理費，宅地建物取引業者の媒介手数料，司法書士と土地家屋調査士の手数料については，適宜数値を設定する（表6・2⑦，⑧，⑬，⑭，⑮，⑯，⑰）。

(g)　予備費など

予備費，工事期間中金利，固定資産税・都市計画税について，適宜数値を設定する（表6・2⑱，⑲，⑳，㉑）。

---

2)　税金は，一般に式（3・5）で計算し，表6・2には基本となる課税標準と税率を記載している（ただし，印紙税等はこの式によらない）。実際には，課税標準，税率，税額のそれぞれに特例や時限措置による軽減が行われることが少なくない。

3)　一般財団法人　建設物価調査会『季刊建築コスト情報』，同『建物の鑑定評価必携　建物実例データ集』，同『JBCI』など。

第1節 事業収支計画をつくるプロセス 111

表6・2 建築プロジェクトの開発期間中に必要となる費用

項　目			金額（千円）	構成比（%）	査　定　根　拠
土地関連費（①から⑧の合計）			1,098,450	58.08	
土地購入費		①	1,020,000	53.94	地価公示価格相当額で購入するものとし，相続税路線価から求める。相続税路線価は，地価公示価格（取引の指標）の80%である。調査したところ，2,400千円/m²であったので，土地単価を，2,400千円/m²÷0.8＝3,000千円/m²とし，これに土地面積340m²を掛けて計算した。
印紙税	土地売買契約書	②	400	0.02	契約金額が10億円を超え，50億円以下のものの印紙税額（売買契約）。
	金銭消費貸借契約書	③	200	0.01	銀行からの融資額として10億円を想定。契約金額が5億円を超え，10億円以下のものの印紙税額（消費貸借契約）。
登録免許税	所有権移転	④	14,280	0.76	課税標準は固定資産税課税台帳価格である。土地の固定資産税の課税台帳価格は地価公示価格の70%である。地価公示価格相当額は①を利用する。税率は2.0%である。
	抵当権	⑤	4,000	0.21	登記簿に記載する銀行からの融資額に課税される。本件では10億円である。税率は0.4%である。
不動産取得税		⑥	28,560	1.51	課税標準は固定資産税課税台帳価格である。土地の固定資産税の課税台帳価格は地価公示価格の70%である。地価公示価格相当額は①を利用する。税率は4.0%である。
手数料	司法書士	⑦	350	0.02	所有権移転登記150千円，抵当権設定登記200千円と想定。
	宅建業者	⑧	30,660	1.62	土地売買価格×3%＋60千円
建物関連費（⑨から⑰の合計）			681,307	36.03	
建築工事費		⑨	630,720	33.35	建築工事費の単価を270千円/m²とし，これに延べ面積2,336m²を掛けて計算した。
印紙税	建築請負契約書	⑩	200	0.01	契約金額が5億円を超え，10億円以下のもの印紙税額（請負契約）。
登録免許税	所有権保存	⑪	1,514	0.08	課税標準は固定資産税課税台帳価格である。建物の固定資産税課税台帳価格として建築工事費の60%を想定。税率は0.4%である。
不動産取得税		⑫	15,137	0.80	課税標準は固定資産税課税台帳価格である。建物の固定資産税課税台帳価格として建築工事費の60%を想定。税率は4.0%である。
測量費		⑬	200	0.01	
地質調査費		⑭	1,500	0.08	
建築設計監理費		⑮	31,536	1.67	建築工事費の5.0%を想定。
手数料	土地家屋調査士	⑯	200	0.01	表示登記の手数料（登録免許税は非課税）。
	司法書士	⑰	300	0.02	保存登記の手数料。
その他経費（⑱から㉑の合計）			111,374	5.89	
予備費		⑱	12,614	0.67	突発的な費用の発生，および，少額費用にあてるために，建築工事費の2.0%を想定
工事期間中金利		⑲	60,000	3.17	銀行からの融資を0ヶ月目に受けるとすると，金利負担期間は24ヶ月。金利（年率）は3.0%を想定。
開業準備費		⑳	16,507	0.87	土地建物価格合計の1.0%を想定。
固定資産税・都市計画税（土地）		㉑	22,253	1.18	土地取得後，開業までの準備期間22ヶ月間の固定資産税と都市計画税。課税評価額は①を利用する。税率は固定資産税1.4%，都市計画税0.3%，計1.7%である。
合計（総事業費）			1,891,131	100.00	

注1) 税金については，土地・建物別，課税標準・税率・税額別に特例や時限的な措置があるが，表には原則の数値を記載した。
注2) 消費税および，建物の抵当権設定については省略している。

112　第6章　事業収支計画を作成する

表6・3　資金調達

項　　目	金　額 (千円)	構成比 (%)	条　件　等
自己資金	891,131	47.12	
借入金	1,000,000	52.88	期間20年，金利3.0%，元利均等返済
その他	0	0.00	
合　計	1,891,131	100.00	資金調達額＝初期投資額

（h）　初期投資額

　（a）～（g）を合計して，プロジェクトの準備期間中に必要となる費用を求める。この合計費用は，プロジェクトを立ち上げるために投資するお金という意味で**初期投資額**という。表6・2の合計欄によれば，初期投資額は1,891,131千円である。

（3）　必要な資金を準備する

　事業に必要となる初期投資額をどのような資金で賄うか検討する。

　プロジェクトに必要となる資金を準備することを**資金調達**といい，初期投資額と同額を調達する。例題敷地では，必要な資金1,891,131千円について，自己資金891,131千円，借入金1,000,000千円により調達する計画である（表6・3）。賃貸経営の健全性からは自己資金の割合が高いほうが望ましいが，不動産プロジェクトの**レバレッジ効果**[4]を考えれば，自己資金が少ないほど，自己資金の収益率が高くなる。

　建物賃借人から預かる敷金を資金調達の一部に組み込む考え方もあるが，賃借人の退去に伴なって返還する必要があるため，敷金は金融資産等で保管し，いつでも返還できるようにしておくことが望ましい。

　金融機関からの借入金は，**借入期間，返済期間**や返済の条件等を併せて想定する。例題敷地では，1,000,000千円の借入金について利息3.0%，20年**元利均等返済**を想定している。

（4）　初期投資の費用項目（例題6−2の解答）

　土地の取得に必要な土地関連費，建物の建設に必要な建物関連費とその他経費に分けて把握する方法が基本となるが，誰に支払うかによって，税金，手数料，専門家報酬に分けて整理することも有効である。税金は，印紙税，登録免許税，不動産取得税，固定資産税・都市計画税があるが，いずれも多くの**特例**などがあるので，厳格な費用査定を行う場合は，その時点で採用されている課税標準，税率，税額控除などを調べる必要がある。

　必ずしも費目ごとに根拠に基づいて計上する必要がない場合には，土地購入費と土地関連費，建築工事費と建物関連費用，土地建物価格と総事業費の一般的な割合を調べて用いる方法もある。例題敷地では，それぞれ，＋8%，＋8%，＋15%となっている（表6・2）。

【例題6−3】

　事業収支計算において，入居率や家賃の変動率を考慮するのはなぜですか。

(解答 p.116)

1・3　プロジェクトの運営期間中の収入と費用

（1）　経常収入の額を計算する

　（a）　家　賃

　賃貸用建物から得られる収入で最も重要なものは，家賃である。建築プロジェクトの立

地や建物の品等と周辺の賃貸不動産市場の動向，さらにはマクロな経済情勢から家賃を想定する。

　家賃は建物内の階数や位置によって異なるため，賃貸区分（住宅にあっては住戸）ごと

---

4)　図7・2（p.124）参照。

に家賃を想定し，賃貸する専用面積を掛けた金額を合計して賃料収入を求める。

ここでは収益価格を求めるために，第5章表5・2で想定した賃貸条件をそのまま利用し，事業収支計算のために表6・4のとおり再整理する。

（b）　敷　金

建物賃貸借契約に際して，敷金などの契約一時金を収受する場合は，条件を想定して金額を計算する。例題敷地では敷金を想定している（表6・4）。

敷金の条件は契約期間中無利息で預かり，退去時に一括返却する。預り金である敷金そのものは経常収入とはいえないが，金融機関に預けるなどの方法で運用し，利息などの運用益を受け取る場合，その**運用益**が収入となる。

（c）　その他の収入

駐車場収入や**看板使用料**などの収入がある場合は，想定される状況に応じて収入として計上する。共益費，水道光熱費などの目的で実費以上の金員を受け取る場合，実費以上の部分を収入に計上する。また，賃貸借契約の更新時には，**更新料**が収入となる。

（2）　経常収入の変動を想定する

（a）　入居率の変動

入居率は，宣伝広告，家賃水準，建物の新築後の経過年数などに影響される。

宣伝広告との関係では，賃貸市場の認知度が低い開業当初は低く，次第に高まることが一般的である。

家賃収入は，式（6・2）で求める。

○**家賃収入＝賃料単価×賃貸面積×入居率**

$$\cdots\cdots（6・2）$$

式の各項は相互に関係があり，賃料単価が高いと入居率が低くなり，賃貸面積の割合を示す賃貸有効率が高すぎる建物は一般に建物品等が低く賃料単価が低下する。このことから入居率は，家賃水準との相互関係に注意して設定する。

建物の新築後の経過年数が長くなると入居率が低下する傾向があることも日本の賃貸市

表6・5　入居率と家賃変動率

項　　　　目		率（％）
入居率	1年目	75
	2年目	85
	3年目以降	95
賃料変動率（年率）		0.2

表6・4　家賃と敷金額の計算

階	用　途	① 専用面積 （m²）	賃　料			敷　金	
			② 賃料単価 （円/m²）	③＝①×② 月額賃料 （円）	④＝③×12 年額賃料 （円）	⑤ 月数 （月）	⑥＝③×⑤ 敷金額 （円）
8	事務所	200	6,000	1,200,000	14,400,000	10	12,000,000
7	事務所	200	6,000	1,200,000	14,400,000	10	12,000,000
6	事務所	200	6,000	1,200,000	14,400,000	10	12,000,000
5	事務所	200	6,000	1,200,000	14,400,000	10	12,000,000
4	事務所	200	6,000	1,200,000	14,400,000	10	12,000,000
3	事務所	200	6,000	1,200,000	14,400,000	10	12,000,000
2	事務所	200	7,000	1,400,000	16,800,000	10	14,000,000
1	事務所	130	10,000	1,300,000	15,600,000	20	26,000,000
計	—	1,530	—	9,900,000	118,800,000	—	112,000,000

場の特徴であるが，適切な追加投資によって，入居率の低減を防ぐことも可能である。

例題敷地では，入居率の変動率を表6・5のとおり想定した。

(b) 家賃の変動率

家賃の変動率も事業収支に影響を与える。家賃の変動は，景気動向，不動産市場や競合不動産の状態，維持管理の状況，建物の新築後の経過年数などに影響される。

各項目を考慮のうえ変動率を設定するが，楽観すぎる想定のために，本来成立するはずがない賃貸事業が成立するように見えるなど，誤った判断を招くことも考えられる。事業の健全性を**安全側で判断**するため，表6・5では家賃の変動率を年率 0.2% としている。

(3) 経常費用の額を計算する

(a) 経常費用の項目

経常費用には，土地や建物に直接かかる費用と，事業にかかる費用とがある。前者には，**維持費，管理費，修繕費，更新費，改修費，水道光熱費，保有税，保険料**などがあり，後者としては**借入金返済，減価償却費**などがある。また，賃貸建物の運営管理を専門家に委託する方法を採用する場合は，マネジメントフィーなどの名目で管理運営の委託費を計上する。

上記費用を個別に計上することも考えられるが，例題敷地では，維持費，管理費，修繕費，更新費，改修費については，**維持修繕費**としてまとめたうえで，周期的に発生する費用についても各年に配分して計上している。また，**水道光熱費**は実費で精算することを想定し，費用からは除外している（表6・6）。

(b) 減価償却費

事業用の資産は，取得するための費用を工事費などの名目で事前に一括して出費し，その後長期にわたり利用する。減価償却は，事業用の資産のうち，建物とその付属設備のように一定の耐用年数があり，時間の経過に伴って資産価値が減ずる固定資産に適用する。

減価償却は，新築工事費のように支払い済みの金員について，耐用期間中の**各年に配分**して費用計上するものである。実際のお金の流れどおり収益を計算すると，工事をした年だけ赤字で，その後はずっと黒字になる可能性がある。黒字の場合は所得税（個人）や法人税（法人）など，税金を支払う必要がある。これに対して，耐用年数にわたって費用

表6・6　経常費用

項　　　目		金額 （千円）	構成比 （％）	査　定　根　拠
維持修繕費		6,307	23.68	建築工事費の 1.0% を想定。
損害保険料		1,261	4.73	建築工事費の 0.2% を想定。
土地 （建物完成時点）	固定資産税	9,996	37.52	土地購入費×70%×1.4%（表6・2㉑参照）
	都市計画税	2,142	8.04	土地購入費×70%×0.3%（表6・2㉑参照）
建物 （建物完成時点）	固定資産税	5,298	19.89	固定資産税の課税標準を工事費の 60% とし，税率1.4% を掛けて査定（表6・2⑫参照）。
	都市計画税	1,135	4.26	課税標準は固定資産税の課税評価額を用いる。税率0.3% を乗じて査定（表6・2⑫参照）。
その他経費		500	1.88	一定額を想定。
合　　計		26,639	100.00	費用変動率（年率）：1.2%

＊準備期間中，土地価格は変化しないものとした。

として毎年控除することができれば，税額を少なくし，更には税金を支払わなくても済む，**節税効果**が生まれる。

減価償却費を積み立てておけば，耐用年数が到来した時点では再建築の費用が全額積み立てられており，無借金で再建築できる。このように，減価償却には**再投資の準備金**の側

表6・7 減価償却の計算で使う関数

定率法	DB（取得価額，残存価額，耐用年数，期，月）
定額法	SLN（取得価額，残存価額，耐用年数）

表6・9 借入金の返済で使う関数

利子返済額	−IPMT（利率，期，期間，現在価値，将来価値）
元金返済額	−PPMT（利率，期，期間，現在価値，将来価値）
返済合計	−PMT（利率，期間，現在価値，将来価値，支払期日）

表6・8 減価償却額の計算

	A	B	C	D	E	F	G	H	I	J	K
1	◎償却資産と償却方法の概要										
2			取得価額					耐用年数（年）	償却方法	残価	
3			取得金額（千円）	割合（%）	区分	割合（%）	取得価額（千円）			残価率（%）	残存価額（千円）
4											
5	償却資産	建築	630,720	100	建築本体	70	441,504	60	定率法	10	44,150
6					付属設備	30	189,216	15	定率法	10	18,922
7		開業費	16,507	100			16,507	5	定額法	10	1,651
8	◎償却額										
9	年度	1	2	3	4	5	6	7	8	9	10
10	建築本体	16,777	16,140	15,526	14,936	14,369	13,823	13,297	12,792	12,306	11,838
11	附帯設備	26,869	23,053	19,780	16,971	14,561	12,493	10,719	9,197	7,891	6,771
12	開業費	2,971	2,971	2,971	2,971	2,971	0	0	0	0	0
13	合計	46,617	42,164	38,277	34,878	31,901	26,316	24,016	21,989	20,197	18,609
14											

注）外周部の数字とアルファベットは，エクセルシートの行と列の番号を示す。

表6・10 借入金の返済額の計算

	A	B	C	D	E	F	G	H	I	J	K
1	◎借入金の額と返済条件										
2	借入金額（千円）	金利（%）	返済期間（年）	返済方法							
3											
4	1,000,000	3.0%	20	元利均等返済							
5	◎返済額										
6	年度	1	2	3	4	5	6	7	8	9	10
7	利子返済額	30,000	28,884	27,734	26,549	25,329	24,073	22,778	21,445	20,072	18,658
8	元金返済額	37,216	38,332	39,482	40,667	41,887	43,143	44,438	45,771	47,144	48,558
9	返済合計	67,216	67,216	67,216	67,216	67,216	67,216	67,216	67,216	67,216	67,216
10											

注）外周部の数字とアルファベットは，エクセルシートの行と列の番号を示す。

面もある。

減価償却額は，取得価額から耐用年数経過後に想定できる残存価額[5]を引いた償却対象額について，定額法などの方法で計算する。建物については，耐用年数が異なる建築本体と付属設備に分けて計算する。会計上の費用であるものの実際に外部に支払う費用ではないため，キャッシュフローとしては手元に残ることが特徴である。

表計算ソフト（マイクロソフト社エクセル）で減価償却を計算する場合，定率法はDB，定額法はSLNを用いる。それぞれの関数の引数は表6・7のとおりである。各年の償却額を計算することになるが，計算は1年分を入力し，あとはオートフィルの機能を利用して式をコピーで入力すれば簡便にできる。

建物本体の1年目の償却額を計算するB10セルには，DB（G5,K5,H5,B9）と入力[6]し，2年目以降に式をコピーするために，取得価額，残存価額，耐用年数を示すG5,K5,H5のセルを絶対セル表示に変えて，DB（G5,K5,H5,B9）[7]とし，その後，2年目以降に式をコピーして入力すれば，各年の減価償却額が数値で表示される（表6・8）。

定額法で償却する開業費についても同様に1年目のB12セルにSLN（G7, K7, H7）と入力するが，償却期間が5年間であることより，6年目以降は0となる。

(c)　借入金返済（元利均等返済）

元利均等返済はPMTを用いる。収支計算では，経費になる利息の返済額と経費にならない元金の返済額を分ける必要がある，また未返済の借入金額を知る必要があるため，

IPMTを使って利息返済額を，PPMTを使って元金返済額を求める。それぞれの引数は表6・9に示すとおりである。なお，これら関数を計算した値はマイナスの値で求められるが，費用はプラスで表示したうえで，集計時に引き算をすることが一般的であることより，表では各関数の前にマイナスの記号を付けて計算する。

減価償却費の計算と同様，1年目に式を入力し，2年目以降はその式をオートフィルでコピーして入力する。たとえば，1年目の利息返済額を計算するB7セルには，−IPMT（B4,B6,C4,A4,0）と入力し，2年目以降に式をコピーするために，利率，期間，現在価値を示すB4,C4,A4,のセルを絶対セル表示に変えて，−IPMT（B4,B6,C4,A4,0）とし，その後，2年目以降に式をコピーして入力すれば，各年の利息支払額が数値で表示される（表6・10）。

同様に，B8セルに，−PPMT（B4,B6,C4,A4,0），B9セルに，−PMT（B4,C4,A4,0）[8]と入力して2年目以降にコピーする。元利返済額はPMTを利用する方法のほか，IPMTで求めた利息返済額とPPMTで求めた元金返済額を合計する方法で求めることもできる。元利均等返済のため，各年の額は同額となる。

(4)　入居率と家賃変動率（例題6−3の解答）

家賃収入は，家賃水準，入居率，賃貸面積と深く関係する。

家賃水準が高ければ，入居率が低くなる可能性がある。高めの家賃と高めの入居率を掛け合わせれば家賃収入は高く求められるが，実際にそれが実現できない可能性も高くなるので，そ

---

5)　表6・8では取得価額の10％としている。実際には，残存価額を1円にするなどの方法が用いられる。
6)　定額法で計算することも多いが，ここでは定率法で計算している。DB関数の引数の最後の「月」は入力を省略できる。
7)　その都度$を入力してもよいが，F4などのファンクションキーを使えば便利である。
8)　PMT関数の引数の最後の「支払期日」は入力を省略できる。

第1節　事業収支計画をつくるプロセス　117

のような収支計画は作成すべきではない。

家賃変動率についても同様である。開業当時の家賃設定はチェックしやすい一方，将来の家賃については確証をもって判断することは困難である。そこで，家賃上昇率を高めに設定すれば将来の家賃収入は高く求められるが，実際に

はそれが実現されないリスクが高くなる。

想定していないような悪い状況が起きても，建築プロジェクトが破たんしないよう，**保守主義の原則**に基づき，収入は安全側に想定することが基本で，入居率や家賃変動率については，特に慎重な設定が求められる。

【例題6－4】

例題敷地において，事務所ビルを建てる場合の賃貸事業収支を作成してください。作成する期間は10年とします。

(解答 p.118)

1・4　賃貸事業収支計画表の作成

1・1～1・3の想定に基づいて賃貸事業収支を計算したものが表6・11である。計算はマイクロソフト社のエクセルを利用している。

(1)　収　入

家賃収入は，設定した**賃料**，**入居率**をもとに，賃料の**変動率**も考慮して計算する。

更新料は，入居者が契約更新する割合を想定して計上する[9]。

敷金等運用益（表6・11 ④）は，預かっている敷金を金融機関で運用して受け取る利息を計上する。手元残高（剰余金累計，表6・11 ㉗）がある場合はその運用益も発生するが，表の10年間では手元残高は発生しない。

(2)　支　出

想定に基づいて計上している。ここでは，費用の**変動率**を年率1.2％上昇と見込んでいる。家賃の変動率が年率0.2％の上昇にとどまることと対比的であるが，事業収支計画では事業の破たんを招かないよう，費用は多めに想定する保守主義の原則の基本によっている。

(3)　収　支

減価償却費を考慮する前の**償却前利益**（表6・11 ⑭）は初年度から黒字になっているが，**償却後利益**（表6・11 ⑱）は2年目から黒字である。このため，初年度は法人税（収益税）（表6・11 ⑲）が発生せず，減価償却の**節税効果**が表れている。

税引き後利益（累計）（表6・11 ㉑）は，3年目から黒字転換している。

(4)　備　考

剰余金（表6・11 ㉖）は，償却前利益から法人税（収益税）と借入金元金返済額を引いたものに，入居者入れ替えに伴う敷金の出入り差額を考慮したもので，毎年手元に残る金額を示している。これを**単年度のキャッシュフロー**という。減価償却は会計上の費用であるが，誰に支払うわけでもなく，手元に現金として残るので，キャッシュフローに含める。

---

9)　4年目以降5％の入居者が入れ替わると想定して敷金返済額と敷金預り金を計上するとともに，残り95％については毎年1/3ずつ更新するとして更新料を計上している。更新料は1か月分としている。

118　第6章　事業収支計画を作成する

(単位:千円)

表6・11　賃貸事業収支計画表

	収支項目	式	準備期間	1年	2年	3年	4年	5年	6年	7年	8年	9年	10年
収入	家賃	①=㉜×㉝	0	89,100	101,182	113,312	113,539	113,766	113,993	114,221	114,450	114,678	114,908
	更新料	②	0	0	0	0	2,996	3,002	3,008	3,014	3,020	3,026	3,032
	その他の収入	③	0	0	0	0	0	0	0	0	0	0	0
	敷金等運用利息※1	④=㉘×運用利回り	0	2,520	2,857	3,195	3,196	3,197	3,198	3,200	3,202	3,204	3,206
	合計	⑤=①〜④計	0	91,620	104,039	116,507	119,731	119,965	120,199	120,435	120,672	120,908	121,146
支出	保有税(土地)	⑥	0	12,138	12,284	12,431	12,580	12,731	12,884	13,039	13,195	13,353	13,513
	保有税(建物)	⑦	0	6,433	6,510	6,588	6,667	6,747	6,828	6,910	6,993	7,077	7,162
	運営管理委託費	⑧	0	0	0	0	0	0	0	0	0	0	0
	維持修繕費	⑨	0	6,307	6,383	6,460	6,538	6,616	6,695	6,775	6,856	6,938	7,021
	損害保険料	⑩	0	1,261	1,276	1,291	1,306	1,322	1,338	1,354	1,370	1,386	1,403
	借入金支払利息	⑪	0	30,000	28,884	27,734	26,549	25,329	24,073	22,778	21,445	20,072	18,658
	その他の支出	⑫	0	500	500	500	500	500	500	500	500	500	500
	合計	⑬=⑥〜⑫計	0	56,639	55,837	55,004	54,140	53,245	52,318	51,356	50,359	49,326	48,257
	償却前利益	⑭=⑤-⑬	0	34,981	48,202	61,503	65,591	66,720	67,881	69,079	70,313	71,582	72,889
	減価償却費(本体)	⑮	0	16,777	16,140	15,526	14,936	14,369	13,823	13,297	12,792	12,306	11,838
	減価償却費(附帯)	⑯	0	26,869	23,053	19,780	16,971	14,561	12,493	10,719	9,197	7,891	6,771
	減価償却費(開業費)	⑰	0	2,971	2,971	2,971	2,971	2,971	0	0	0	0	0
収支	償却後税引前利益	⑱=⑭-⑮-⑯-⑰	0	−11,636	6,038	23,226	30,713	34,819	41,565	45,063	48,324	51,385	54,280
	法人税(収益税)※2	⑲	0	0	1,510	5,807	7,678	8,705	10,391	11,266	12,081	12,846	13,570
	税引後利益(単年度)	⑳=⑱-⑲	0	−11,636	4,529	17,420	23,035	26,114	31,174	33,797	36,243	38,539	40,710
	税引後利益(累計)	㉑=前年度㉑+⑳	0	−11,636	−7,108	10,312	33,347	59,461	90,635	124,432	160,675	199,214	239,924
備考	内部留保	㉒=⑭-⑲	0	34,981	46,693	55,697	57,913	58,015	57,490	57,813	58,232	58,736	59,319
	借入金元金返済額	㉓	0	37,216	38,332	39,482	40,667	41,887	43,143	44,438	45,771	47,144	48,558
	敷金預り額	㉔	0	84,000	11,234	11,267	5,352	5,363	5,373	5,384	5,395	5,406	5,417
	敷金返済額	㉕	0	0	0	0	5,325	5,326	5,328	5,331	5,333	5,336	5,340
	剰余金※3	㉖=㉒-㉓+㉔-㉕	0	81,765	19,595	27,482	17,273	16,165	14,392	13,428	12,523	11,662	10,838
	剰余金累計※4	㉗=前年度㉗+㉖	0	81,765	101,360	128,842	146,115	162,280	176,672	190,100	202,623	214,285	225,123
	借入金残高	㉘=前年度㉘-㉓	1,000,000	962,784	924,452	884,970	844,303	802,416	759,273	714,835	669,064	621,920	573,362
	敷金残高	㉙=前年度㉙+㉔-㉕	0	84,000	95,234	106,501	106,528	106,565	106,610	106,663	106,725	106,795	106,872
	自己資金	㉚	891,131										
	自己資金+借入金残高+敷金残高	㉛	1,891,131	1,937,915	1,910,817	1,882,602	1,841,962	1,800,112	1,757,014	1,712,629	1,666,920	1,619,846	1,571,365
	満室家賃	㉜		118,800	119,038	119,276	119,514	119,753	119,993	120,233	120,473	120,714	120,956
	入居率	㉝		75%	85%	95%	95%	95%	95%	95%	95%	95%	95%

※1　運用利回りを3%として計算した。　※2　税率を25%として計算した。　※3　単年度キャッシュフロー　※4　キャッシュフロー累計(手元残高)

第2節　賃貸事業収支計画表を読み解く

2・1　収支計画を判定する指標

(1)　単年度黒字転換年

単年度の利益が黒字に転換する時期により，事業の収益性を判断する方法である。減価償却費を考慮する前の**償却前利益**（表6・11 ⑭）と考慮後の**償却後利益**（表6・11 ⑱）があるが，一般に，償却後利益が初年度から黒字であれば優れた事業といえる一方，10年を経過しても黒字転換しない場合は問題がある。収益性を重視する法人が経営する場合に重要な指標となる。

(2)　借入金完済可能年

長期借入金により経営する賃貸型の建築プロジェクトでは，金融機関との契約に基づいて，約定の元利金を借入期間にわたって返済する。これに対し，**借入残高を一括返済**しようと思えば返済できる時期により，事業の収益性を判断する方法である。

余剰金の累計（表6・11 ㉗）が借入金残高（表6・11 ㉘）を上回る年のことで，一般に，15年程度で完済できれば優れた事業といえるが，25年が経過しても完済できない場合には問題がある。

借入金完済可能年をいいかえると，金融機関に損失を与えずにプロジェクトを手じまいできる時点のことである。

(3)　投下資本回収年

事業を中止したとしても，**借入金等の一括返済**と**自己資金の回収**が可能となる年により収益性を判断する方法である。剰余金の累計（表6・11 ㉗）が敷金等の預り金，借入金残高，自己資金の合計（表6・11 ㉛）を上回る年のことで，一般に，15年程度で回収できれば優れた事業といえ，25年経過しても回収できない場合には問題がある。投下資本回収年をいいかえると，金融機関に損失を与えず，かつ，自己資金を取り戻すことができる時点のことである。

(4)　累積赤字解消年

事業の認知度が低く入居率が低い，減価償却が認められることなど，賃貸事業の当初は償却後の単年度利益（表6・11 ⑳）が赤字のことが多くなる。**当初発生する累計**（表6・11 ㉑）の**赤字が解消**する時点で収益性を判断する方法で，一般に，10年より前に解消すれば優れた事業といえ，20年経過時点で解消しない場合は問題がある。

(5)　剰余金平均額

事業期間を10年間など一定の長さで区切り，その期間の剰余金（表6・11 ㉖）で事業の妥当性を判断する方法である。事業の剰余金を生活費に充当することを期待する個人が経営する場合などでの判断材料となる指標である。

(6)　資金ショートの発生

減価償却期間が満了して計上できる費用が減少して納税額が増加する，保証金の据え置き期間が満了して返済が始まる，追加投資が必要となるなどの事象が重なり，**長期借入金の返済が困難になる**ことを**資金ショート**という。資金ショートが発生する可能性により事業の健全性を判断する方法で，追加資金の調達が難しいことが多い，個人が経営する場合に重視される指標である。

120　第6章　事業収支計画を作成する

> **【例題6−5】**
>
> 　例題敷地における賃貸事業収支計画の健全性を判断してください。
>
> (解答 p.120)

2・2　例題敷地の事業収支の健全性の判断

(1)　単年度黒字転換年

　単年度の償却後利益（表6・11 ⑱）が2年目に黒字転換しているので，10年以内という健全性の目安をクリアーしている。この観点からは健全性が認められる。

(2)　借入金完済可能年

　10年間の事業収支計画では，余剰金の累計（表6・11 ㉗）が借入金残高（表6・11 ㉘）を上回ることはない。銀行からの借入金は，取決めどおり20年間にわたり返済することになる。15〜25年が健全性が認められる範囲である。

(3)　投下資本回収年

　10年間の事業収支計画では，剰余金の累計（表6・11 ㉗）が敷金などの預り金，借入金残高，自己資金の合計（表6・11 ㉛）を上回ることはない。15〜25年が健全性が認められる範囲であるが，表からは判断できないため，この指標については判定が困難である。

(4)　累積赤字解消年

　償却後利益の累計（表6・11 ㉑）の赤字は3年目に解消する。一般に，10〜20年が健全性が認められる範囲であるから，健全性が認められる。

(5)　その他の指標

　剰余金平均額による指標については，預かった敷金を含めて考えているので，初年度からプラスである。

　資金ショートの発生による指標については，10年間ではそのような事象は発生しない見込みである。資金ショートが発生する可能性が高いのは，減価償却期間が満了するなど16年目程度以降であるので，この指標による判断は困難である。

(6)　例題敷地の事業収支の健全性
　　（例題6−5の解答）

　例題敷地の建築プロジェクトについて，10年間の賃貸事業収支を作成して健全性を分析した結果，単年度黒字転換年，累積赤字解消年の指標では健全性が確認できた。また，借入金完済年の指標では，健全と認められる範囲の収支予想となっている。これに対して投下資本回収年，余剰金平均額，資金ショートの有無については判断ができない。

　特に，投下資本回収年については，より長期に計算する，または，この指標に代わる別の方法で判断することが必要となる。投下資本回収年の指標が必ずしも良好でない理由として，家賃変動率より費用の変動率を高くしていることが考えられる。必要な見直しは当然としても，楽観すぎる数値に置き換えることは慎まなければならない。

第3節 建築プロデュース：演習3（収支計画）

3・1 事業収支の計算方法

例題敷地の事業収支計画で作成したエクセルのプログラム（表6・2〜表6・11）を用い，敷地X，敷地Y，および，敷地XYの事業収支を計算する。

各敷地に想定する建物の面積は第4章で，賃貸条件は第5章で想定したものを用いる。ただし，これらの土地はすでに所有しているので，土地購入に係る費用は発生しない。所有する土地を使って建築プロジェクトを行うので，収支計画上，土地は現物出資するものとする。

なお，土地単価は各敷地とも例題敷地と同じとし，建築工事単価は300,000円/m²とした。家賃は敷地ごとに第5章表5・7〜表5・9で想定した金額を使う。また，入居率と家賃および費用の変動率は，各敷地とも例題敷地と同じとする。

3・2 基本構想に基づく敷地ごとの事業収支計画

(1) 敷地X

表6・12のとおりである。土地を現物出資しているため，例題敷地のケースと比較すると健全性は高くなる。

(2) 敷地Y

表6・13のとおりである。

(3) 敷地XY

表6・14のとおりである。

表6・12 敷地Xの事業収支計画 （単位：千円）

	収支項目			準備期間	1年	2年	3年	4年	5年
収入	家賃		① = ㉜ × ㉝	0	7,129	8,095	9,066	9,084	9,102
	更新料		②	0	0	0	0	240	240
	その他の収入		③	0	0	0	0	0	0
	敷金等運用利息※1		④ = ㉘ × 運用利回り	0	255	290	324	324	324
	合計		⑤ = ①〜④計	0	7,384	8,385	9,390	9,648	9,666
支出	保有税	（土地）	⑥	0	1,546	1,565	1,584	1,603	1,622
		（建物）	⑦	0	301	305	309	313	316
	運営管理委託費		⑧	0	0	0	0	0	0
	維持修繕費		⑨	0	295	299	303	307	311
	損害保険料		⑩	0	59	60	61	62	63
	借入金支払利息		⑪	0	1,110	1,069	1,026	982	937
	その他の支出		⑫	0	500	500	500	500	500
	合計		⑬ = ⑥〜⑫計	0	3,811	3,798	3,783	3,767	3,749
収支	償却前利益		⑭ = ⑤ − ⑬	0	3,573	4,587	5,607	5,881	5,917
	減価償却費	（本体）	⑮	0	786	756	727	699	673
		（附帯）	⑯	0	1,258	1,079	926	795	682
		（開業費）	⑰	0	287	287	287	287	287
	償却後税引前利益		⑱ = ⑭ − ⑮ − ⑯ − ⑰	0	1,242	2,465	3,667	4,100	4,275
	法人税（収益税）※2		⑲	0	311	616	917	1,025	1,069
	税引後利益	（単年度）	⑳ = ⑱ − ⑲	0	932	1,849	2,750	3,075	3,206
		（累計）	㉑ = 前年度㉑ + ⑳	0	932	2,780	5,531	8,606	11,812
備考	内部留保		㉒ = ⑭ − ⑲	0	3,263	3,971	4,690	4,856	4,848
	借入金元金返済額		㉓	0	1,377	1,418	1,461	1,505	1,550
	敷金預り額		㉔	0	8,515	1,139	1,142	543	544
	敷金返済額		㉕	0	0	0	0	540	540
	剰余金※3		㉖ = ㉒ − ㉓ + ㉔ − ㉕	0	10,401	3,692	4,371	3,354	3,302
	剰余金累計※4		㉗ = 前年度㉗ + ㉖	0	10,401	14,093	18,464	21,818	25,120
	借入金残高		㉘ = 前年度㉘ − ㉓	37,000	35,623	34,205	32,744	31,239	29,689
	敷金残高		㉙ = 前年度㉙ + ㉔ − ㉕	0	8,515	9,654	10,796	10,799	10,803
	自己資金		㉚	130,887					
	自己資金 + 借入金残高 + 敷金		㉛	167,887	175,025	174,746	174,427	172,925	171,379
	満室家賃		㉜		9,505	9,524	9,543	9,562	9,581
	入居率		㉝		75%	85%	95%	95%	95%

※1 運用利回りを3%として計算した。 ※2 税率を25%として計算した。
※3 単年度キャッシュフロー ※4 キャッシュフロー累計（手元残高）

表6・13　敷地 Y の事業収支計画　(単位：千円)

収支項目			準備期間	1年	2年	3年	4年	5年
収入	家賃	①=㉜×㉝	0	24,683	28,029	31,390	31,452	31,515
	更新料	②	0	0	0	0	830	832
	その他の収入	③	0	0	0	0	0	0
	敷金等運用利息※1	④=㉘×運用利回り	0	712	807	902	902	903
	合計	⑤=①～④計	0	25,395	28,836	32,292	33,184	33,250
支出	保有税（土地）	⑥	0	2,932	2,967	3,003	3,039	3,075
	（建物）	⑦	0	1,740	1,761	1,782	1,803	1,825
	運営管理委託費	⑧	0	0	0	0	0	0
	維持修繕費	⑨	0	1,706	1,726	1,747	1,768	1,789
	損害保険料	⑩	0	341	345	349	353	357
	借入金支払利息	⑪	0	6,000	5,777	5,547	5,310	5,066
	その他の支出	⑫	0	500	500	500	500	500
	合計	⑬=⑥～⑫計	0	13,219	13,076	12,928	12,773	12,612
収支	償却前利益	⑭=⑤-⑬	0	12,176	15,760	19,364	20,411	20,638
	減価償却費（本体）	⑮	0	4,537	4,364	4,198	4,039	3,885
	（附帯）	⑯	0	7,265	6,234	5,349	4,589	3,937
	（開業費）	⑰	0	751	751	751	751	751
	償却後税引前利益	⑱=⑭-⑮-⑯-⑰	0	−377	4,411	9,066	11,032	12,065
	法人税（収益税）※2	⑲	0	0	1,103	2,267	2,758	3,016
	税引後利益（単年度）	⑳=⑱-⑲	0	−377	3,308	6,800	8,274	9,049
	（累計）	㉑=前年度㉑+⑳	0	−377	2,931	9,731	18,004	27,053
備考	内部留保	㉒=⑭-⑲	0	12,176	14,657	17,098	17,653	17,622
	借入金元金返済額	㉓	0	7,443	7,666	7,896	8,133	8,377
	敷金預り額	㉔	0	23,719	3,172	3,182	1,511	1,514
	敷金返済額	㉕	0	0	0	0	1,504	1,504
	剰余金※3	㉖=㉒-㉓+㉔-㉕	0	28,452	10,163	12,384	9,527	9,255
	剰余金累計※4	㉗=前年度㉗+㉖	0	28,452	38,615	50,999	60,526	69,781
	借入金残高	㉘=前年度㉘-㉓	200,000	192,557	184,891	176,995	168,862	160,485
	敷金残高	㉙		23,719	26,891	30,073	30,080	30,090
	自己資金	㉚	253,880					
	自己資金+借入金残高+敷金	㉛	453,880	470,156	465,662	460,948	452,822	444,455
	満室家賃	㉜		32,910	32,976	33,042	33,108	33,174
	入居率	㉝		75%	85%	95%	95%	95%

表6・14　敷地 XY の事業収支計画　(単位：千円)

収支項目			準備期間	1年	2年	3年	4年	5年
収入	家賃	①=㉜×㉝	0	40,194	45,644	51,116	51,218	51,321
	更新料	②	0	0	0	0	1,352	1,354
	その他の収入	③	0	0	0	0	0	0
	敷金等運用利息※1	④=㉘×運用利回り	0	1,162	1,318	1,474	1,474	1,475
	合計	⑤=①～④計	0	41,356	46,962	52,590	54,044	54,150
支出	保有税（土地）	⑥	0	4,478	4,532	4,586	4,641	4,697
	（建物）	⑦	0	2,656	2,688	2,720	2,753	2,786
	運営管理委託費	⑧	0	0	0	0	0	0
	維持修繕費	⑨	0	2,604	2,635	2,667	2,699	2,731
	損害保険料	⑩	0	521	527	533	539	545
	借入金支払利息	⑪	0	9,300	8,954	8,597	8,230	7,852
	その他の支出	⑫	0	500	500	500	500	500
	合計	⑬=⑥～⑫計	0	20,059	19,836	19,603	19,362	19,111
収支	償却前利益	⑭=⑤-⑬	0	21,297	27,126	32,987	34,682	35,039
	減価償却費（本体）	⑮	0	6,927	6,663	6,410	6,167	5,932
	（附帯）	⑯	0	11,093	9,518	8,166	7,007	6,012
	（開業費）	⑰	0	1,146	1,146	1,146	1,146	1,146
	償却後税引前利益	⑱=⑭-⑮-⑯-⑰	0	2,131	9,799	17,265	20,362	21,949
	法人税（収益税）※2	⑲	0	533	2,450	4,316	5,091	5,487
	税引後利益（単年度）	⑳=⑱-⑲	0	1,598	7,349	12,949	15,272	16,462
	（累計）	㉑=前年度㉑+⑳	0	1,598	8,948	21,896	37,168	53,630
備考	内部留保	㉒=⑭-⑲	0	20,764	24,676	28,671	29,592	29,552
	借入金元金返済額	㉓	0	11,537	11,883	12,239	12,607	12,985
	敷金預り額	㉔	0	38,745	5,181	5,197	2,469	2,474
	敷金返済額	㉕	0	0	0	0	2,456	2,457
	剰余金※3	㉖=㉒-㉓+㉔-㉕	0	47,972	17,974	21,629	16,998	16,584
	剰余金累計※4	㉗=前年度㉗+㉖	0	47,972	65,946	87,575	104,573	121,157
	借入金残高	㉘=前年度㉘-㉓	310,000	298,463	286,580	274,341	261,734	248,749
	敷金残高	㉙		38,745	43,926	49,123	49,136	49,153
	自己資金	㉚	382,667					
	自己資金+借入金残高+敷金	㉛	692,667	719,875	713,173	706,131	693,537	680,569
	満室家賃	㉜		53,592	53,699	53,807	53,914	54,022
	入居率	㉝		75%	85%	95%	95%	95%

表6・13, 6・14の注　　※1　運用利回りを3%として計算した。　※2　税率を25%として計算した。
　　　　　　　　　　※3　単年度キャッシュフロー　※4　キャッシュフロー累計（手元残高）

第7章　不動産投資を分析する

第1節　投資分析のプロセス

　第6章の賃貸事業収支では，借入金の返済が可能か，赤字が解消するのは何年度かなど，賃貸経営を継続的することを前提に，建築プロジェクトの健全性を判定した。土地を購入することから始める例題敷地では，プロジェクトはおおむね健全と思われる一方，確信をもってプロジェクトにゴーサインを出すまでには至らなかった。

　また，土地をすでに所有している状態からスタートするケーススタディでは，敷地X，敷地Y，敷地XYのいずれのプロジェクトも健全性が確認できた一方，敷地Yの所有者は，現在所有する敷地Yで単独の建築プロジェクトを行うのがよいか，敷地Xの所有者と協力して敷地XYで共同プロジェクトを行うほうがよいのかの**事業手法の比較**は困難であった。

　投資分析では，プロジェクトを将来売却することをも想定し，投下する自己資金を重視する

ことにより，**投資適否**の判断につなげる。また，異なる時期に発生する賃貸経営の利益や，売却による将来の利益を現在時点の金額に換算して分析する。投資分析のプロセスは，以下のとおりである。

1. 将来の**賃貸経営の利益**を予想する。
2. 将来の**売却の利益**を予想する。
3. 上記1. と2. を**現在価値**に換算する。
4. 投資分析の手法を用いて，**自己資金の利回り**を求める。
5. 投資分析の手法を用いて，**プロジェクトの価値**を求めて自己資金の回収の可能性を判断する。

　以上のプロセスについて，例題敷地について具体的に試算するが，投資分析の結果である4. と5. は，表計算ソフト（マイクロソフト社エクセル）の関数を用いる。第1節では，投資分析の理解を深めるための基礎知識を学ぶ。

【例題7−1】
　事業収支計画では減価償却や借入金返済を計算しました。投資分析ではこれらの項目をどのように扱いますか。

(解答 p.125)

1・1　投資分析の基礎知識
(1)　3つの要素を分析する

　土地を含む建築プロジェクトに投資して経営し賃料収入などを得る，賃貸型の建築プロジェクトを分析し，投資の可否を判断する要素には，**賃料**，**価格**，**利回り**がある（図7・1，表7・1）。これらは相互に関係するが，基本とな

るデータは建築プロジェクトの**キャッシュフローの予測**である。キャッシュフローは，第6章の賃貸事業収支計画では剰余金として表示されている（表6・11㉖）。

(2)　自己資金の収益率を考える

　建築プロジェクトの利回りが借入金利よりも高い場合，自己資金の収益率が建築プロジェク

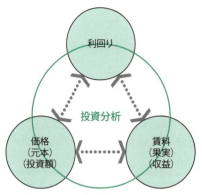

図7・1 経営分析の3つの要素

表7・1 3つの要素の相互関係

要素	分析の基本的な考え方
賃料 (果実) (収益)	・プロジェクトから得られる賃料収支の状況を把握して分析する。 ・他の要素との関係は，賃料＝価格×利回り ・分析手法として累積赤字解消年がある。
利回り	・投資に対する利益の割合を分析する。この場合の利回りは高いほうがよい。 ・他の要素との関係は，利回り＝賃料÷価格 ・分析手法としてIRR法がある。
価格 (元本) (投資額)	・投資対象不動産から得られる収益を価格に換算して分析する。 ・他の要素との関係は，価格＝賃料÷利回り ・分析手法としてNPV法がある。

トの利回りよりも高くなることを，**レバレッジ効果**という。

図7・2に示す，総投資額100億円（①），利回り5％（②）で年間収益が5億円（③）の建築プロジェクトで，借入金60億円（⑤）のケース1では，借入金利3％（⑥）とすると返済利息は1.8億円（⑦）となる。年間収益から返済利息を引いた3.2億円（⑧）が自己資金の利益で，収益率は8％（⑨）となる。借入金80億円（⑤'）のケース2の収益率は13％（⑨'）となるので，自己資金の少ないほうがレバレッジ効果が高まる。半面，年間収益が2.4億円（⑦'）を下回ると利息返済ができなくなってプロジェクトが破たんに直面してしまう。

小さな自己資金で大きなプロジェクトを手掛けることができることは不動産事業の特色の1つであるが，レバレッジ効果を高め過ぎると，収益の下振れによって破たんにつながる**リスク**が高まる。賃貸型の建築プロジェクトではレバレッジ効果を確保しつつ，事業破たんを招かな

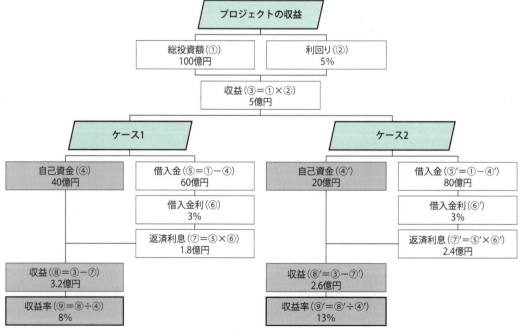

図7・2 レバレッジ効果

いよう，適切な自己資金の投入が必要となる。

(3) 異なる事業手法を比較する

分譲型の建築プロジェクトでは，建物が完成して販売し完売すればプロジェクトは完了する。これに対して，賃貸型の建築プロジェクトでは，建物完成後長期間をかけて経営を継続して投下資本を回収するとともに利益を上げていく。両者はプロジェクトの性質が異なるが，建築プロジェクトを企画する際，分譲型と賃貸型の**収益性を比較**したいことがある。

また，同じ賃貸型でも**単独の敷地**でプロジェクトを立ち上げる場合と，隣地と一体化した**共同の敷地**でプロジェクトを立ち上げる場合の比較，建設費を金融機関から**借り入れる**場合と，土地の一部を売却して建築費に充当することによって金融機関から**借り入れない**場合（等価交換型）のいずれの収益性が優れるかなど，異なる事業手法を比較したいこともある。

異なる時点で発生する収支を比較するには，時点を一つに合わせて金額を基準時点の額に換算することが有用である。基準時点は，プロジェクトを開始しようとする時点を「現在」として設定することが通常で，その後，発生する収支を「現在」の価値に換算して集計する方法が一般的である。

「将来」発生する収支を「現在」に換算するためには複利現価率を用い（第5章図5・1参照），複利現価率を用いて換算した「現在」の価値を，現在価値という。将来の金額を現在価値に換算することを割引くといい，その考え方に基づいた投資分析手法として，**割引キャッシュフロー**（DCF：Discounted Cash Flow）**法**が用いられる。

DCF 法では，賃貸型の建築プロジェクトであっても，永久に賃貸経営を継続するのではなく，一定期間は賃貸経営を行ったのち，土地建物を売却して手じまいすることを想定する。このため，賃貸経営期間中の賃貸収支と，賃貸期間を終えた時点における売却収支の両者を想定することになる。

(4) 減価償却と借入金の扱い
（例題7－1の解答）

投資分析では，キャッシュフローに注目する。キャッシュフローは手元に残る金額とその推移のことで，キャッシュインからキャッシュアウトを引いた金額となる。

減価償却費は会計上の費用であるが，誰に支払うものでもなく手元に残るから，キャッシュフローに含める（キャッシュアウトには含めない）。

借入金の返済はキャッシュアウトするので，手元に残るキャッシュフローには含めないことが基本である。一方で，全額自己資金で賄い借入金をしない場合や，借入金を考慮することが適切でない場合は，借入金の返済を考慮せずにDCF法を適用することもある。

【例題7－2】

遠い将来の収益が価格に与える影響は少ないことを学びました（図5・3）。DCF 法では何年くらい分析するのですか。また，遠い将来の収益をどのように価格に反映しますか。

(解答 p.127)

1・2　DCF 法で価格を求める

(1) DCF 法の基礎を理解する

初年度の総収入が 1,000 千円，総費用[1] が 300 千円で，2 年目以降の総収入の上昇率が 5

---

1) 減価償却，法人税（収益税）は考慮していない。また，借入金の返済はない（全額自己資金）ものとしている。

126　第7章　不動産投資を分析する

%，総費用の上昇率が3%の賃貸経営を10年間継続すると想定する。割引率を7%とすると，将来の純収益（キャッシュフロー）は表7・2の③のとおりとなる（ただし，賃貸経営分）。

　次に，各年に見込まれる将来純収益を現在価値に換算するために複利現価率を掛ける[2]。割引率7%の場合の各年の複利現価率は④のとおりであるので，純収益③に複利現価率④を掛けて現在価値⑤を求める。1年目から10年目の⑤を合計した，6,224千円が10年間の賃貸経営に基づく現在価値の合計である。

　以上に加えて，10年目が終わろうとする時点でプロジェクトを売却して手じまいすることを想定する。この時点の土地と建物の売却価格を10,000千円とし，売却のための費用を1,000千円として純収益を9,000千円と予想する。この純収益は10年後の額なので，これに複利現価率を掛けて現在価値に換算した4,575千円が売却純収益の現在価値となる。

　以上で求めた賃貸経営に基づく将来収益の現在価値の合計6,224千円と，売却によって得られる純収益の現在価値の4,575千円を合計した10,799千円が，この建築プロジェクトの現在価値となる。

(2)　不動産鑑定評価で用いるDCF法

　不動産鑑定評価基準では，証券化不動産を評価する場合はDCF法を採用することを規定している。この場合のDCF法は，

1. 賃貸経営期間として10年を想定し，10年後に売却することを想定する。この点は，(1) と同じである。
2. 借入金がない場合のキャッシュフローを想定する。借入金があると，その額によってキャッシュフローが変化するため，普遍的な価格を求めることが困難となるからである。
3. 10年後の売却価格を理論的に求める。証券化不動産では，投資家保護のために，(1) のように，10年後の売却価格を任意に設定することは認められない。10年目

表7・2　DCF法の考え方

○前提条件

	賃貸経営分		売却分
	初年度	2年目以降の変動率*	10年後
総 収 入	1,000 千円	5%	10,000 千円
総 費 用	300 千円	3%	1,000 千円
割 引 率	7%		

＊実際にはこれ程大きく変動することはない。

○DCFの計算　　　　　　　　　　　　　　　　　　　　　　　　　　　　　　　　　　　（単位：千円）

	収入区分	賃 貸 経 営 分										売却分
	年数	1	2	3	4	5	6	7	8	9	10	10
総 収 入	①	1,000	1,050	1,103	1,158	1,216	1,277	1,341	1,408	1,478	1,552	10,000
総 費 用	②	300	309	318	328	338	348	358	369	380	391	1,000
純 収 益	③=①-②	700	741	785	830	878	929	983	1,039	1,098	1,161	9,000
複利現価率	④	0.9346	0.8734	0.8163	0.7629	0.7130	0.6663	0.6227	0.5820	0.5439	0.5083	0.5083
現 在 価 値	⑤=③×④	654	647	641	633	626	619	612	605	597	590	4,575
計	⑥=Σ⑤	6,224										4,575
合 計	⑦=Σ⑥	10,799										

---

2)　この際の「現在」とは，1年目が始まろうとする時点である。家賃は民法の原則どおり期末に支払うと想定するので，1年目の家賃収入は「現在」から1年後となる。

$$PV = \sum_{t=1}^{n} \frac{CF_t}{(1+i)^t} + \frac{R_n}{(1+i)^n} \quad \cdots\cdots (7\cdot1)$$

n　：投資期間
CF_t：t 期のキャッシュフロー
i　：割引率（投資家の最低必要収益率）
R_n　：n 期の売却純収益

図7・3　不動産鑑定評価の DCF 法

表7・3　割引期間と複利現価率

割引率	6%					
期間（年）	5	10	50	100	150	200
複利現価率	0.7473	0.5584	0.0543	0.0029	0.0002	0.0000

が終わる時点で，次の投資家が理論的な価格である収益価格で購入すると考え，その時点の収益価格を求める[3]。

証券化不動産の評価で不動産鑑定手法として用いる DCF 法は，図7・3で示すことができる。

(3)　キャッシュフローの検討期間
（例題7−2の解答）

将来の収益に複利現価率を掛けて現在価値を求めたとしても，割引期間が長くなる程値が小さくなり，価格に与える影響は小さくなる。表7・3は，割引率 6% の場合の複利現価率を示しているが，10 年でおおよそ半分，50 年で約 5%，100 年で約 3% で，150 年では 0.02% と無視しえる程度の小さな値となる。

DCF 法では，遠い将来の収益は予想の信頼性が低下すること，および，現在価値に換算した場合の影響が小さいことにより，式（7・1）で示す n を 10 年程度として計算することが多い。

つまり，向こう 10 年間については，賃貸経営に基づく収益を予想するとともに（式（7・1）第 1 項），11 年目以降の収益については，10 年目が終了する時点の売却価格として把握する（式（7・1）第 2 項）。

---

3)　この場合の収益価格は，直接還元法（永久還元式）を用いる（式（5・4）参照）。n 期が終わる時点（($n+1$) 期が始まる時点）の収益価格 P_n を求める式は次のとおりである。詳しくは，表7・5を参照。
　　　$P_n = a_{n+1} / r_{n+1}$
　　　a_{n+1}：($n+1$) 期の純収益，　r_{n+1}：($n+1$) 期の還元利回り

128　第7章　不動産投資を分析する

第2節　DCF法を用いて投資分析する

【例題7−3】

鑑定評価で価格評価に用いるDCF法と，投資分析で用いるDCF法はどのような点が異なりますか。

(解答 p.129)

2・1　2つの分析法

(1)　正味現在価値法

DCF法によって建築プロジェクトの価格を求める方法のひとつに，正味現在価値（NPV：Net Present Value）法がある。正味現在価値法は，収益と利回りを想定して価値を求める方法である（図7・1参照）。

正味現在価値法は，投資期間にわたる各年度の償却前・税引後・借入金返済後の余剰金（ネットキャッシュフロー）の現在価値の合計から，初期投資額（自己資金）を引いた正味現在価値でプロジェクトの価値を判定する分析法である。借入金を想定したキャッシュフローで考える点が，不動産鑑定評価で用いるDCF法と異なる点である。

○正味現在価値＝将来のネットキャッシュフローの現在価値の総和−自己資金

……(7・2)

借入金との関係では，自己資金（式(7・2)の右辺第2項）が多い場合は，借入返済元利金が少ないため第1項も大きくなる。自己資金が少ない場合はその逆となる。

正味現在価値法はDCF法のひとつで，将来のネットキャッシュフローを一定期間の賃貸経営で発生するキャッシュフローと，賃貸経営終了時に資産を売却することで発生するキャッシュフローに分けて考える。賃貸経営時の減価償却額はキャッシュアウトしないため，償却前のキャッシュフローで計算する。売却益は，予想される売却額から売却手数料，借入金残高返済額，譲渡益に対する課税額などのキャッシュアウトを控除した売却手取り額で考える。

NPV法を式で示すと，図7・4のとおりである。

一般に，正味現在価値が正の値になれば投資する価値が認められる。正味現在価値が正の値ということは，プロジェクトに投下した自己資金が回収できることを意味する。第6章の賃貸事業収支計画からは十分な分析が困難だった点が，明確となる。

(2)　内部収益率法

DCF法のうち，収益と投資額から利回りを求める方法を内部収益率（IRR：Internal Rate of Return）法という（図7・1参照）。

内部収益率法は，正味現在価値を求める式(7・3)において，正味現在価値をゼロとするようなプロジェクトの利回りを求めるものである。言い換えると，内部収益率は，プロジェクトから得られるキャッシュフローの現在価値の合計と，投資費用（自己資本）の合計が等しくなるような収益率（割引率）をいう（図7・5）。

$$\mathrm{NPV} = \sum_{t=1}^{n} \frac{CF_t}{(1+i)^t} + \frac{R_n}{(1+i)^n} - I_0 \quad \cdots\cdots (7 \cdot 3)$$

n　：投資期間
CF_t　：t期のキャッシュフロー
i　：割引率（投資家の最低必要収益率）
R_n　：n期の売却純収益
I_0　：初期投資額

図7・4　正味現在価値法の理論式

$$\text{NPV}=\sum_{t=1}^{n}\frac{CF_t}{(1+i)^t}+\frac{R_n}{(1+i)^n}-I_0=0 \quad \cdots(7\cdot4)$$

n ：投資期間
CF_t：t 期のキャッシュフロー
i ：割引率（投資家の最低必要収益率）
R_n ：n 期の売却純収益
I_0 ：初期投資額

NPV＝0 を成立
させる割引率 i

内部収益率（IRR）

図7・5 内部収益率法の考え方

内部収益率法によって求めたプロジェクトの内部収益率と投資家が期待する収益率を比較して，前者が後者より大きい場合は適格な投資と判断できる。

内部収益率は，他の建築プロジェクトに投資する場合や，建築プロジェクト以外に投資する場合の収益率と比較する際の利回りとして利用できるため，投資分析の手法としては汎用性が高い。

(3) 不動産鑑定評価と投資分析の相違点（例題7―3の解答）

鑑定評価で用いる式（7・1），投資分析の正味現在価値法で用いる式（7・3），内部収益率法で用いる式（7・4）は，高い類似性をもっている。

不動産鑑定評価で用いる DCF 法は，証券化不動産を評価する際には採用することが規定されている。不特定多数の投資家保護のために，精緻で客観的な価格を算出する必要があることがその理由である。不動産鑑定評価の DCF 法は，客観性と普遍性が求められることより，全額自己資金で借入金のないキャッシュフローをもとに価格を求める。

実際の建築プロジェクトでは，自己資金と借入金を組み合わせることが一般的で，レバレッジ効果を考えれば両者の組合せも重要なことから，投資分析で用いるキャッシュフローは借入金の返済を含むことが原則となる。

【例題7―4】

関数を使って正味現在価値と内部収益率を計算する際の留意点には，どのようなものがありますか。

(解答 p.131)

2・2 2つの分析法で計算する

DCF 法を例題敷地に適用して投資分析を行う。計算には表計算ソフト（マイクロソフト社エクセル）を用いる。

表7・4 正味現在価値と内部収益率を計算する

	A	B	C	D	E	F	G	H	I	J	K	L	M	N
1			割引率：6%										(金額の単位：千円)	
2		年度	0	1	2	3	4	5	6	7	8	9	10	合計
3	投資額	①	−891,131	0	0	0	0	0	0	0	0	0	0	−891,131
4	キャッシュフロー（賃貸）	②	0	81,765	19,595	27,482	17,273	16,165	14,392	13,428	12,523	11,662	10,838	225,123
5	キャッシュフロー（売却）	③	0	0	0	0	0	0	0	0	0	0	1,064,800	1,064,800
6	キャッシュフロー（合計）	④＝①＋②＋③	−891,131	81,765	19,595	27,482	17,273	16,165	14,392	13,428	12,523	11,662	1,075,638	398,792
7	複利現価率	⑤	1.0000	0.9434	0.8900	0.8396	0.7921	0.7473	0.7050	0.6651	0.6274	0.5919	0.5584	
8	現在価値	⑥＝④×⑤	−891,131	77,137	17,440	23,074	13,682	12,080	10,146	8,931	7,857	6,903	600,636	−113,245
9	NPV	⑦＝Σ⑥	−891,131						777,886					
10									−113,245					
11														

(1) 正味現在価値を計算する

(a) 計算式どおり計算する

NPV の計算式の式（7・3）に忠実に計算する。まず，表7・4のキャッシュフロー表を作成する。

1. 年度：0年目から10年目までを想定する。0年目は，不動産が稼働するまでの準備期間を示す。

2. 投資額：0年目について資金調達で想定した自己資金額を記入する（表6・3参照）。1年目以降に追加投資する場合は記入するが，本件では想定していない。出資額は外部に出るお金（キャッシュアウト）であるので，表ではマイナスで表示している。

3. キャッシュフロー（賃貸）は，賃貸事業収支計画表の剰余金の額を記入する（表6・11 ㉖）。

4. キャッシュフロー（売却）は，10年目が終わる時点での直接還元法（永久還元）を用いて収益還元価格を計算する。式（5・4）を用いる場合の純収益は11年目の純収益とし，以下のとおり求める。

　・総収益：10年目の家賃（表6・11 ①）に1年間の家賃の変動率を掛けて，11年目の総収益を求める。

　・総費用：10年目の支出（表6・11 ⑥〜⑫）から借入金支払利息を除いた額に1年間の費用の変動率を掛けて，11年目の総費用を求める。

　・収益価格：総収益から総費用を引いて純収益を求め，これを10年目が終わる時点（11年目）の還元利回りで還元して表7・5のとおり求める。本件では，10年後の還元利回りは，必ずしも予想が容易ではないことや建物が古くなることより，現在の投資家が採用する利回りよりリスクが高くなることを考慮して大きな数値とする（ハイリスク・ハイリターン）[4]。

続いて，以下の計算によって正味現在価値を求める。

5. 現在価値は，キャッシュフロー（合計）に複利現価率を掛けて求める。

6. 正味現在価値は，1年目から10年目までの現在価値の合計を求め，これから投資額を引いて求める。表7・4では投資額をマイナスで表示しているので，0年目から10年目を合計する方法で求めることもできる。

以上によって求めた正味現在価値は，△113,245千円のマイナスとなる。正味現在価値がマイナスとなるプロジェクトは，投資対象として適格とは認められないので，少なくとも現状の計画内容のまま投資に踏み切ることは不適当である。

表7・5　10年後の売却価格

（単位：千円）

③=①×(1+②) 総収益			⑥=④×(1+⑤) 総費用			⑦= ③-⑥ 純収益	⑧ 還元 利回り	⑨= ⑦÷⑧ 収益価格
① 10年目	② 変動率	11年目	④ 10年目	⑤ 変動率	11年目			
114,908	0.2%	115,138	29,599	1.2%	29,954	85,184	8%	1,064,800

---

4)　表7・4では現在の割引率として6%を想定しているが，表7・5では10年後の利回りを8%としている。

(b) 関数を用いて計算する

関数 NPV を使うと，複利現価率を用いて現在価値に換算する計算と，それを合計する計算を同時に処理できる。計算は，割引率とキャッシュフローから求める。具体的には以下の式のとおりである。

正味現在価値＝NPV（E1,D6:M6）＋C8
＝△ 113,245

（ただし，投資額がプラスで表示されている場合は－C8）

(2) 内部収益率を計算する

エクセルに準備されている関数 IRR を用いて計算する。IRR の引数はキャッシュフローと推定値であるが，推定値は省略することもできる。

表 7・4 では，以下の式のとおりとなる。

内部収益率＝IRR（C6:M6）＝4.32％

本件では割引率（投資家の最低必要収益率）に 6％ を用いるが，求められた内部収益率はこれを下回っているので，この建築プロジェクトを，現状のままでは投資に踏み切ることは適当とはいえない。

(3) 関数を用いる場合の留意点

（例題 7─4 の解答）

正味現在価値は，NPV 関数を使って求める。正味現在価値法は，投資分析の 3 要素である，価格，賃料，利回りのうち，賃料と利回りから価格を求める方法である（図 7・1 参照）。このため，関数の引数として賃料収入にかかるキャッシュフローと利回り（割引率）を入力してNPV 関数を計算する。

正味現在価値法では，NPV 関数の計算値と投下資本を比較して，前者が大きければ投資としての適格性があると判断する方法であるので，NPV 関数の計算値から投下資本を引いて正であれば投資可，負であれば投資不可と判断する。

内部収益率は IRR 関数を使って求める。内部収益率は，投資分析の 3 要素である，価格，賃料，利回りのうち，価格（投下資本）と賃料から利回りを求める方法である。このため，関数の引数として投下資本と賃料収入にかかるキャッシュフローを入力して IRR 関数を計算する。

内部収益率法では，IRR 関数の計算値が投資家が期待する利回りより高ければ投資可，低ければ投資不可と判断する。

表 7・4 では，説明のために複利現価率（⑤），現在価値（⑥）の欄を設けているが，NPV 関数や IRR 関数を用いる場合はこれらは不要で，将来のキャッシュフロー（合計）（④）をそのまま利用する。

132 第7章 不動産投資を分析する

第3節　建築プロデュース：演習4（投資分析）

3・1　投資分析の方法

　例題敷地の投資分析で作成したエクセルのプログラム（表7・4～表7・5）を用い，敷地X，敷地Y，および敷地XYの投資分析を行う。

　各敷地に想定する建物とその収支については，第6章と同様とする。これらの建築プロジェクトではいずれも土地をすでに所有しており，その土地をプロジェクトに使う。投資分析に際しては，土地価格を評価したうえで，当該金額を自己資金として現物出資するものとして計算する。

3・2　基本構想に基づく敷地ごとの投資分析

(1)　敷地X

　正味現在価値がマイナス，内部収益率もマイナスであり，投資としては不適格なプロジェクトである（表7・6）。

(2)　敷地Y

　正味現在価値はプラスになり，投資適格といえるが，内部収益率は，積極的に投資の実行を判断する高さとはいえない（表7・7）。

(3)　敷地XY

　正味現在価値がプラス，内部収益率も期待する収益率を上回っているので，投資適格のプロジェクトといえる（表7・8）。

(4)　まとめ

　第6章で作成した賃貸事業収支計画では，いずれの敷地も相応の健全性が認められたが，DCF法による投資分析により，収支計画では必ずしも明確とならなかった投資としての優劣や適否が判定できた。

表7・6　敷地Xの投資分析表

（単位：千円）

年度	0	1	2	3	4	5	6	7	8	9	10	合計
投資額	−130,887	0	0	0	0	0	0	0	0	0	0	−130,887
キャッシュフロー（賃貸）	0	10,410	3,692	4,371	3,354	3,302	3,192	3,136	3,094	3,054	3,015	40,601
キャッシュフロー（売却）	0	0	0	0	0	0	0	0	0	0	77,750	77,750
キャッシュフロー（合計）	−130,887	10,410	3,692	4,371	3,354	3,302	3,192	3,136	3,094	3,054	80,765	−12,536
複利現価率	1.0000	0.9434	0.8900	0.8396	0.7921	0.7473	0.7050	0.6651	0.6274	0.5919	0.5584	
現在価値	−130,887	9,812	3,268	3,670	2,657	2,468	2,243	2,086	1,941	1,808	45,099	−55,817
正味現在価値	−130,887	75,070										
	−55,817											

【付表】

10年後の売却価格									割引率
③＝①×(1+②) 総収益			⑥＝④×(1+⑤) 総費用			⑦＝ ③−⑥ 純収益	⑧ 還元 利回り	⑨＝ ⑦÷⑧ 収益価格	6%
① 10年目	② 変動率	11年目	④ 10年目	⑤ 変動率	11年目				
9,193	0.2%	9,211	2,956	1.3%	2,991	6,220	8%	77,750	

【結果】

NPV	IRR
−55,817	−1.22%
不可	不可
投資判定	

第3節　建築プロデュース：演習4（投資分析）　133

表7・7　敷地Yの投資分析表

（単位：千円）

年度	0	1	2	3	4	5	6	7	8	9	10	合計
投資額	−253,880	0	0	0	0	0	0	0	0	0	0	−253,880
キャッシュフロー（賃貸）	0	28,452	10,163	12,384	9,527	9,255	8,814	8,583	8,366	8,162	7,968	111,674
キャッシュフロー（売却）	0	0	0	0	0	0	0	0	0	0	297,788	297,788
キャッシュフロー（合計）	−253,880	28,452	10,163	12,384	9,527	9,255	8,814	8,583	8,366	8,162	305,756	155,582
複利現価率	1.0000	0.9434	0.8900	0.8396	0.7921	0.7473	0.7050	0.6651	0.6274	0.5919	0.5584	
現在価値	−253,880	26,842	9,045	10,398	7,546	6,916	6,214	5,709	5,249	4,831	170,734	−396
正味現在価値	−253,880	253,484										
	−396											

【付表】

10年後の売却価格									割引率
③＝①×（1+②）総収益			⑥＝④×（1+⑤）総費用			⑦＝③−⑥純収益	⑧還元利回り	⑨＝⑦÷⑧収益価格	6%
①10年目	②変動率	11年目	④10年目	⑤変動率	11年目				
31,832	0.2%	31,896	7,977	1.2%	8,073	23,823	8%	297,788	

【結果】

NPV	IRR
−396	5.98%
可・不可	可・不可
投資判定	

表7・8　敷地XYの投資分析表

（単位：千円）

年度	0	1	2	3	4	5	6	7	8	9	10	合計
投資額	−382,667	0	0	0	0	0	0	0	0	0	0	−382,667
キャッシュフロー（賃貸）	0	47,972	17,974	21,629	16,998	16,584	15,917	15,564	15,234	14,928	14,636	197,436
キャッシュフロー（売却）	0	0	0	0	0	0	0	0	0	0	498,450	498,450
キャッシュフロー（合計）	−382,667	47,972	17,974	21,629	16,998	16,584	15,917	15,564	15,234	14,928	513,086	313,219
複利現価率	1.0000	0.9434	0.8900	0.8396	0.7921	0.7473	0.7050	0.6651	0.6274	0.5919	0.5584	
現在価値	−382,667	45,257	15,997	18,160	13,464	12,393	11,221	10,352	9,558	8,836	286,507	49,078
正味現在価値	−382,667	431,745										
	49,078											

【付表】

10年後の売却価格									割引率
③＝①×（1+②）総収益			⑥＝④×（1+⑤）総費用			⑦＝③−⑥純収益	⑧還元利回り	⑨＝⑦÷⑧収益価格	6%
①10年目	②変動率	11年目	④10年目	⑤変動率	11年目				
51,836	0.2%	51,940	11,921	1.2%	12,064	39,876	8%	498,450	

【結果】

NPV	IRR
49,078	7.65%
可	可
投資判定	

第8章　権利変換計画を作成する

第1節　権利変換を計画するプロセス

　第7章の投資分析では，敷地Xと敷地Yを一体化し敷地XYとして利用することが適切であることがわかった。この場合，XとYは2人で1棟の建物を所有することになる。

　1棟の建物を複数で所有する方法には**共有**する方法と**区分所有**する方法とがある。共有は建物全体が一つの所有権に属し，所有者は他の所有者と持分に応じて建物の任意の部分に権利と義務をもつ。これに対して，区分所有は，誰がどこを所有するか決めて所有する方法で，誰が

どこを所有することが衡平か客観的に決める必要がある。ここでは，複数権利者が1棟の建物を区分所有する場合について考える。

　各権利者が完成後の建築プロジェクトをどのような方法に基づいて取得するかを決め，その方法に基づいて各権利者が取得する場所を決定することを**権利変換**という。

　第1節では，例題敷地上の建築プロジェクトで，権利変換の基礎を学ぶ。

【例題8−1】

　表8・1は，例題敷地上の基本構想ビルの各階の土地建物価格です（表5・6から作成）。8階建てのこの建物を，権利者Aと権利者Bが，土地建物価格でそれぞれ50%となるように取得することに合意しました（権利変換の前提）。この場合，それぞれどの階を取得できますか。権利者Aが1階から順次上階に向かって取得できる階まで取得するものとします。

（解答 p.135）

表8・1　基本構想ビルの各階の土地建物価格

階	用途	床面積(m²)	専用面積(m²)	土地建物価格(千円)
8	事務室	288	200	206,640
7	事務室	288	200	206,640
6	事務室	288	200	206,640
5	事務室	288	200	206,640
4	事務室	288	200	206,640
3	事務室	288	200	206,640
2	事務室	288	200	241,080
1	事務室	288	130	229,320
合計		2,336*	1,530	1,710,240

＊塔屋32m²を含む（表5・1参照）。

1・1　権利変換の方法を決める

　権利変換で，各権利者が取得する土地や建物の状況を確定するためには，権利変換の前提と

表8・2　権利変換の方法

	土地建物価格で考える	土地価格で考える
取得する場所を先に決める	パターン1	パターン3
取得する価格（価格割合）を先に決める	パターン2	パターン4

して，以下の（1）と（2）を組み合わせたパターンのいずれに基づくのか，**権利変換の方法を決める**（表8・2）。

（1）　場所が先か価格が先か

　（a）　取得する場所を先に決める

　各権利者が取得する**場所を先**に決め，その後，その部分を取得するために必要な金額を求める方法である。取得する場所が権利変換

の前提となる。

（b）　取得する価格や価格割合を先に決める方法

　各権利者が取得する**価格**や**価格の割合**を先に決め，その後，その価格や価格割合で取得できる場所を求める方法である。取得する価格や価格割合が権利変換の前提となる。

（2）　土地建物価格か土地価格か

（a）　土地建物価格で考える

　各権利者が取得する場所の価格を，その場所の**土地と建物の合計額**で考える方法である。この方法で権利変換を行う場合，取得する部分の土地建物価格が権利変換に含まれているので，建物の仕様を特別なものとしない限り，追加の工事費の負担は発生しない。

（b）　土地価格で考える

　各権利者が取得する場所の価格を，その場所の**土地価格**で考える方法である。この方法で権利変換する場合，権利変換には取得する部分の土地価格しか含まれていないため，取得する部分の**工事費相当額**を計算し，**別途負担**する必要がある。建築工事費を権利変換に含めない考え方で，建築の間取りや仕様が権利者によって異なるなど，建築工事費が一様でないことに対応しやすい点が特徴である。

1・2　土地建物価格で権利変換する

　第5章では，収益還元法を立体的に適用して各階の価格を求めた。この方法で求めた価格は，土地と建物の価格が一体となった土地建物価格である（表5・6）。

　ここでは，収益還元法で求めた土地建物価格を用いて権利変換する。

（1）　取得する場所を先に決める方法

（パターン1）

　表8・1に示す8階建ての建物を，権利者Aと権利者Bが取得する場所を，たとえば，

　ⅰ）それぞれ4階ずつ取得する。

　ⅱ）権利者Aは下層の4階，権利者Bは上層の4階を取得する。

ことを前提として権利変換する方法は，表8・2のパターン1に該当する。この方法で両者が取得する土地建物価格を求めると，表8・3のとおりとなる。

（2）　取得する価格や価格割合を先に決める方法（例題8―1の解答）　（パターン2）

　例題8―1は，完成する8階建ての建物を，権利者Aと権利者Bが価格割合で50％ずつ取得することを前提に権利変換する場合に，それぞれ建物のどの部分を取得できるかを問うもので，表8・2のパターン2に該当する。価格割

表8・3　取得する場所を先に決める方法

階	土地建物価格 （千円）	取得価格	
		権利者A （千円）	権利者B （千円）
8	206,640	0	206,640
7	206,640	0	206,640
6	206,640	0	206,640
5	206,640	0	206,640
4	206,640	206,640	0
3	206,640	206,640	0
2	241,080	241,080	0
1	229,320	229,320	0
合計	1,710,240	883,680	826,560

表8・4　取得する価格を先に決める方法

階	土地建物価格 （千円）	取得価格	
		権利者A （千円）	権利者B （千円）
8	206,640	0	206,640
7	206,640	0	206,640
6	206,640	0	206,640
5	206,640	0	206,640
4	206,640	178,080	28,560
3	206,640	206,640	0
2	241,080	241,080	0
1	229,320	229,320	0
合計	1,710,240	855,120	855,120

136 第8章 権利変換計画を作成する

表 8・5 取得する価格等の比較

権利変換の方法	比較項目	権利者 A	権利者 B
4 階ずつ取得する（パターン 1）	取得価格（千円）	883,680	826,560
	取得割合（％）	51.7	48.3
	取得階数（階）	4	4
50％ ずつ取得する（パターン 2）	取得価格（千円）	855,120	855,120
	取得割合（％）	50.0	50.0
	取得階数（階）	3 + α	4 + α´

＊調整階（4 階）の権利割合 α：α´＝86.2％：13.8％

合 50％ を価格に換算すると 855,120 千円になるので，この価格になるように権利者 A と権利者 B が取得する場所を求めると，表 8・4 のとおりとなる。

権利者 A は 1 階から 3 階までの各階を取得し，4 階については 206,640 千円のうち 178,080 千円を取得する。権利者 B は 5 階から 8 階までを取得し，4 階については 206,640 千円のうち 28,560 千円を取得する。

4 階については，

ⅰ）両権利者が取得する 178,080 千円と 28,560 千円の割合で**二つの専有部分に分割**してそれぞれ区分所有権を取得する方法

ⅱ）4 階全体を**一つの区分所有権**として両権利者が取得する価格の割合（178,080 千円：28,560 千円＝82.31：17.69）を持分として**共有**する方法

が考えられる。

各権利者が取得する価格や価格割合を決め，それに対応して取得する部分を決める場合は，この 4 階のように，複数権利者が権利をもつ階が生じる。このような階を調整階という。

(3) 二つの方法の比較

取得する階数を 4 階ずつとする場合（パターン 1）と，取得する価格を 50％ ずつとする場合（パターン 2）を比較すると，表 8・5 のとおりとなる。

パターン 1 の場合は，階数は半分ずつ取得するが，取得する価格の割合は，**51.7％：48.3％**となる。

パターン 2 の場合は，土地建物価格を 50％：50％ で取得するが，取得する階数でみると 3 階分と次の階の一部を取得する権利者と 4 階分と次の階の一部を取得する権利者に分かれる。このため調整階を設け，その階の持分で調整するなどの方法により，精算する[1]。

二つのルールでは，4 階の取得状況に差異が生じる。

【例題 8－2】

表 8・1 は，例題敷地上の基本構想ビルの各階の土地建物価格です（表 5・6 から作成）。権利者 A と権利者 B は，土地建物価格から建物価格を引いた土地価格でそれぞれ 50％ となるように取得することに合意しました（権利変換の前提）。この場合，それぞれどの階を取得できますか。権利者 A が 1 階から順次上階に向かって取得できる階まで取得するものとします。

（解答 p.138）

1・3 土地価格で権利変換する

複数権利者が土地を提供し，一体化した敷地に 1 棟の建物を建てる建築プロジェクトなどでは，提供する**土地価格の割合**で権利変換することがふさわしいことがある。

(1) 各階の土地価格を求める

表 8・1 に示す各階の価格は，土地価格と建物価格の合計である。そこで，式（8・1）によって土地価格を求める。

1) 調整階の権利を複数権利者がもち続けることを避けたい場合は，ひとりの権利者が他の権利者の権利部分を買い取る。

表8・6　各階の土地価格

階	用途	① 土地建物 価格 （千円）	② 床面積 （m²）	③ 専用面積 （m²）	④＝③÷a 専用部分 負担床面積 （m²）	⑤＝④×b 建物価格 （千円）	⑥＝①－⑤ 土地価格 （千円）
塔屋	機械室	0	32	0	0	0	0
8	事務室	206,640	288	200	305	82,350	124,290
7	事務室	206,640	288	200	305	82,350	124,290
6	事務室	206,640	288	200	305	82,350	124,290
5	事務室	206,640	288	200	305	82,350	124,290
4	事務室	206,640	288	200	305	82,350	124,290
3	事務室	206,640	288	200	305	82,350	124,290
2	事務室	241,080	288	200	305	82,350	158,730
1	事務室	229,320	288	130	198	53,460	175,860
合計		1,710,240	2,336	1,530	2,333	629,910	1,080,330

注1　a：賃貸有効率＝Σ③÷Σ②＝65.5%
注2　b：建築工事単価＝270 千円/m²

○土地価格＝土地建物価格－建物価格

$$\cdots\cdots\ (8\cdot1)$$

　建物価格は，取得する事務室部分を建築するために必要となる建築費相当額を原則とする（原価法）。既述のとおり土地建物価格を**収益還元法**で求めているので，理論的には建物価格も収益価格で求めることが望ましいが，建物だけの収益価格を求めることが困難であるため，ここでは次善の策として建物価格を**原価法**で求める。

　建築費相当額を求める際は，以下のことを考慮し，式（8・2）によって計算する。

ⅰ）共用部分の建築費も必要であることより，専用部分の建築費に共用部分の建築費を上乗せする必要がある。

ⅱ）1階や屋上には，建物のどの部分の利用者も恩恵を受けるエントランスホールやエレベーター機械室があり，この部分の建築費も専用部分の建築費に上乗せする必要がある。

○専用部分の建築費相当額

＝専用面積÷賃貸有効率×工事単価

$$\cdots\cdots\ (8\cdot2)$$

表8・7　取得する場所を先に決める方法

階	土地価格 （千円）	取得価格	
		権利者A 取得価格 （千円）	権利者B 取得価格 （千円）
8	124,290		124,290
7	124,290		124,290
6	124,290		124,290
5	124,290		124,290
4	124,290	124,290	
3	124,290	124,290	
2	158,730	158,730	
1	175,860	175,860	
合計	1,080,330	583,170	497,160

表8・8　取得する価格を先に決める方法

階	土地価格 （千円）	取得価格	
		権利者A 取得価格 （千円）	権利者B 取得価格 （千円）
8	124,290	0	124,290
7	124,290	0	124,290
6	124,290	0	124,290
5	124,290	0	124,290
4	124,290	81,285	43,005
3	124,290	124,290	0
2	158,730	158,730	0
1	175,860	175,860	0
合計	1,080,330	540,165	540,165

138　第8章　権利変換計画を作成する

式（8・2）の右辺第1項と第2項によって，塔屋のように専用部分がない階の建築費や，階によって賃貸有効率に差があることを考慮した専用部分が負担すべき床面積を求める。これに工事単価を掛けると専用部分が負担すべき建築費相当額となる。

式（8・2）で求めた値を式（8・1）に代入すると，土地価格を求めることができる（表8・6）。都市部の土地価格は**二次元**の地面に生じるのではなく，立体的な土地利用によって生じるもので，**三次元**の空間に分布している。この結果，「**各階の土地価格**」が存在する。

(2)　取得する場所を先に決める方法
　　　　　　　　　　　　　　　　（パターン3）

パターン1と同様，各権利者がそれぞれ4階分を取得する場合の権利変換を示すと表8・7のとおりである。

(3)　取得する価格や価格割合を決める方法
　　　（例題8−2の解答）　　　（パターン4）

パターン3と同様，各権利者が土地価格で50％ずつ取得する場合の権利変換を示すと表8・8のとおりである。

全体の土地価格 1,079,520 千円の 50％の582,360 千円を各権利者が取得する土地価格となるよう権利変換している。

(4)　二つの方法の比較

取得する階数を4階ずつとする場合（パターン3）と，取得する価格を50％ずつとする場合（パターン4）を比較すると，表8・9のとおりである。

パターン3の場合は，階数は半分ずつ取得するが，取得する価格の割合は，**54.0%：46.0%**となる。

パターン4の場合は，土地価格を50％：50％で取得するが，取得する階数でみると3階分と次の階の一部を取得する権利者と，4階分と次の階の一部を取得する権利者に分かれる。このため**調整階**を設け，その階の持分で調整するなどの方法により，精算する。

二つのルールでは，4階の取得状況に差異が生じる。

表8・9　二つの方法の比較

権利変換の方法	比較項目	権利者A	権利者B
4階ずつ取得する（パターン3）	取得価格（千円）	583,170	497,160
	取得割合（％）	54.0	46.0
	取得階数（階）	4	4
50％ずつ取得する（パターン4）	取得価格（千円）	540,165	540,165
	取得割合（％）	50.0	50.0
	取得階数（階）	$3+\alpha$	$4+\alpha'$

＊調整階（4階）の権利割合 $\alpha：\alpha'=65.4\%：34.6\%$

第2節　建築プロジェクトに提供する土地価格

【例題 8−3】
隣地を購入する場合，他の人が購入する価格より高い価格で購入することがあります。経済的にみて，そのことに合理性はあるのでしょうか。

(解答 p.141)

2・1　利用区分によって土地価格が変わる
(1)　隣地を併合する～悪い条件が解消する

土地の価格は**規模**や**形状**によって差異が生じる。図8・1左図のA地は路地状敷地である。路地状敷地は，一般的な形状のB地と比較して土地単価は安くなる。また，A地，B地は規模がやや狭く，その地域で最も望ましい土地利用が困難なケースである。A地とB地を**併合**してAB地とすると形状が整い，規模が適正になる。

A地，B地，AB地の面積と単価を図示のとおりとすると，それぞれの土地価格は以下のようになる。

- A地の価格 $= 60{,}000\,\text{円}/\text{m}^2 \times 220\,\text{m}^2$
  $= 13{,}200{,}000\,\text{円}$
- B地の価格 $= 100{,}000\,\text{円}/\text{m}^2 \times 180\,\text{m}^2$
  $= 18{,}000{,}000\,\text{円}$
- AB地の価格 $= 120{,}000\,\text{円}/\text{m}^2 \times 400\,\text{m}^2$
  $= 48{,}000{,}000\,\text{円}$

A地とB地を併合することで，以下の価格上昇が生じる。

- $48{,}000{,}000\,\text{円} - (13{,}200{,}000\,\text{円} + 18{,}000{,}000\,\text{円})$
  $= 16{,}800{,}000\,\text{円}$

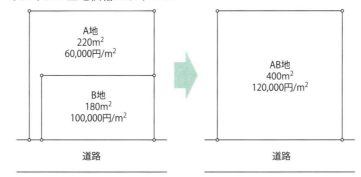

図8・1　隣地併合による土地価格の変化−1

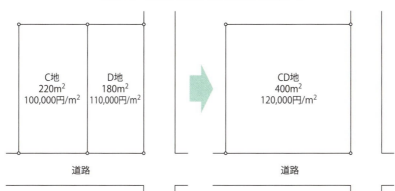

図8・2　隣地併合による土地価格の変化−2

140　第8章　権利変換計画を作成する

(2)　隣地を併合する～良い条件が拡大する

図8・2では，規模がやや狭小な中間画地の
C地と角地のD地を併合して適正規模の角地
CD地にするケースである。角地は中間画地と
比較して土地価格が高いことが一般的である。

C地，D地，CD地の面積と単価を図示のと
おりとすると，それぞれの土地価格は以下のよ
うになる。

　　・C地の価格＝100,000円/m²×220m²
　　　　　　　　＝22,000,000円
　　・D地の価格＝110,000円/m²×180㎡
　　　　　　　　＝19,800,000円
　　・CD地の価格＝120,000円/m²×400m²
　　　　　　　　＝48,000,000円

C地とD地を併合することで，以下の価格上
昇が生じる。

　　・48,000,000円－(22,000,000円＋19,800,000円)
　　　＝6,200,000円

このように，敷地を併合して一体的に利用す
ることによって生じる土地価格の上昇を，増分
価値という。

2・2　併合を前提とした土地価格

(1)　増分価値の配分

併合によって増分価値が生じる場合，併合前
の土地価格（図8・1のA地，B地および，図
8・2のC地，D地）は，単独利用する場合よ

表8・10　増分価値の配分基準

	配分基準	考え方	採用する局面
1	単価比	併合前の土地単価の比率で配分する。	土地の質的な側面が重要な場合
2	面積比	併合前の土地面積の比率で配分する。	土地の量的な側面が重要な場合
3	総額比	併合前の土地価格の比率で配分する。	土地の規模形状が同等の場合
4	購入限度額比	隣地の購入限度額の比率で配分する。	相互に隣地買収意欲が高い場合
5	均等配分	併合する土地の数で均等に配分する。	人的な貢献が重要な場合

り価値が上昇するので，価格上昇分を加味して
評価することになる。この場合の土地価格は，
式（8・3）で示すことができる。

　　○併合利用を前提とした土地価格
　　　＝単独利用の土地価格＋増分価値の配分額
　　　　　　　　　　　　　　　　　……（8・3）

(2)　配分の方法

(a)　増分価値の配分基準

増分価値の配分方法を配分基準といい，表
8・10のようなものがある。

（ア）　単価比による配分　　土地の質的な側
面である土地単価の割合によって増分価値
を配分する方法である。総額は高くないも
のの，単価が高い土地が増分価値の発生に
貢献する場合に有効な方法である。

（イ）　面積比による配分　　土地の量的な側
面である土地面積の割合によって増分価値

表8・11　増分価値の配分割合

	数　　量			配分割合	
	① A地	② B地	③＝①＋② 計	④＝①÷③ A地（％）	⑤＝②÷③ B地（％）
単価比	60,000	100,000	160,000	37.5	62.5
面積比	220	180	400	55.0	45.0
総額比	13,200,000	18,000,000	31,200,000	42.3	57.7
購入限度額比	30,000,000	34,800,000	64,800,000	46.3	53.7
均等配分	1/2	1/2	1	50.0	50.0

注）購入限度額：併合後の全体土地価格－併合前の隣地の土地価格
　　・A地の購入限度額＝AB地の価格－B地の価格＝48,000,000円－18,000,000円＝30,000,000円
　　・B地の購入限度額＝AB地の価格－A地の価格＝48,000,000円－13,200,000円＝34,800,000円

表8・12　増分価値配分後の土地価格と土地価格割合

	配分額		配分後土地価格		配分後土地価格割合	
	① A地 （千円）	② B地 （千円）	③＝a＋① A地 （千円）	④＝b＋② B地 （千円）	⑤＝③÷c A地 （％）	⑥＝④÷c B地 （％）
単価比	6,300	10,500	19,500	28,500	40.6	59.4
面積比	9,240	7,560	22,440	25,560	46.8	53.3
総額比	7,106	9,694	20,306	27,694	42.3	57.7
購入限度額比	7,778	9,022	20,978	27,022	43.7	56.3
均等配分	8,400	8,400	21,600	26,400	45.0	55.0

注）配分額＝増分価値 d ×配分割合（表8・11）
　・併合前の A 地の価格：a＝13,200 千円　　　・併合前の B 地の価格：b＝18,000 千円
　・併合後の AB 地の価格：c＝48,000,000 円　　・増分価値：$d＝c－(a＋b)$＝16,800 千円

を配分する方法である。総額は高くないもの，面積が広い土地が増分価値の発生に貢献する場合に有効な方法である。

（ウ）　**総額比による配分**　　併合前の土地の総額によって増分価値を配分する方法である。類似性の高い土地同士の併合の場合に有効な方法である。

（エ）　**購入限度額による配分**　　相互に隣地を購入する場合の購入限度額の割合によって増分価値を配分する方法である。事業意欲が旺盛で，隣地を買収してでも事業を進めたい機運がある場合に有効な方法である。

（オ）　**均等配分**　　併合する土地の数で増分価値を等分する方法である。増分価値の実現のためにどの土地所有者も同様に尽力するなど貢献が同等の場合に有効な方法である。

（b）　増分価値の配分と配分後の土地価格

表8・10 の配分基準に基づいて，図8・1の A 地，B 地を併合して AB 地にする場合の増分価値の配分割合を求めると，表8・11のとおりである。

表8・11 の配分割合をもとに配分額を求め，単独利用の価格に加算して増分価値配分後の土地価格を求めると，表8・12③，④のとおりである。

併合前の A 地と B 地の単独価格は13,200千円と 18,000 千円で，価格割合（総額比）は，42.3％：57.7％ であるが，増分価値の配分によって，**価格割合**は表8・12⑤，⑥のように**変化**する。もっとも，総額比で配分する場合は，価格割合に変化はない。建築プロジェクトでは，配分基準の中から適切なものを選択して採用する。

(3)　隣地を高く買うことの経済合理性
　　　（例題8－3の解答）

土地の形状や規模が不適切な場合や前面道路幅員が狭く，効率的な土地利用が阻害されている複数の土地を一体的に利用する場合，土地利用の阻害要因が解消されて，土地の効率的な利用が可能となることがある。

このような場合には，土地の効率的な利用が可能となることに伴って，土地の価格が上昇する。自分が所有する土地と隣地を一体的に利用することで，効果的な土地利用が可能となる場合，隣地の購入価格は，第三者が購入する価格より高くなることにも経済合理性が認められる。

隣地を購入したいという感情的な側面とは別に，隣地所有者に認められる経済合理性である。ただし，常に価格が上昇するわけではないことに注意する。

142 第8章 権利変換計画を作成する

第3節　建築プロデュース：演習5（権利変換）

3・1　ケーススタディ

演習敷地について権利変換計画を作成し，各権利者が取得する建物部分を図示する。

(1)　権利変換のルール

演習敷地の敷地Xと敷地Yを併合して敷地XYとして一体利用する建築プロジェクトについて，以下のルールに基づいて権利変換する。

i）各権利者は敷地Xと敷地Yを提供する。

ii）敷地Xと敷地Yの価格を評価して，各権利者が建築プロジェクトに対する出資額とする。

iii）この際，敷地XYとして一体利用することで生じる増分価値を敷地Xと敷地Yに配分することとし，増分価値配分後の土地価格を各権利者の出資額とする。

iv）権利変換は土地価格で行うものとし，iii）で求めた土地価格と同額の土地価格で権利変換を受ける。

v）敷地Xの所有者である権利者Xは完成する建物の上階から下階に向かって取得し，必要に応じて調整階を設ける。

vi）取得する建物部分を建築するために必要な費用は，各権利者が各自調達する（権利変換に含まない）。

権利変換の方法としては，表8・2のパターン4となる。

(2)　建築プロジェクトに提供する土地価格

演習敷地の土地価格を取りまとめた表5・11を表8・13として再掲する。

表8・13⑤に示される土地価格の変化が増分価値を示す。この額を配分基準に基づいて配分する。ここでは，配分基準として土地面積比を採用し，敷地Xと敷地Yにそれぞれ34.5%と65.5%配分する（表8・14）。

表8・13　演習敷地の土地価格

利用区分			土地価格（千円）
単独利用	敷地X	①	80,737
	敷地Y	②	303,473
	合計	③=①+②	384,210
一体利用	敷地XY	④	575,988
土地価格の変化（増分価値）		⑤=④-③	191,778

表8・14　増分価値の配分額

	① 土地面積（m²）	② 土地面積比（%）	③=増分価値×② 増分価値配分額（千円）
敷地X	43.29	34.5	66,163
敷地Y	82.14	65.5	125,615
計	125.43	100.0	191,778

＊増分価値は，表8・13⑤を参照

表8・15　増分価値配分後の土地価格

	① 単独利用の土地価格（千円）	② 増分価値の配分額（千円）	③=①+② 増分価値配分後の土地価格（千円）
敷地X	80,737	66,163	146,900
敷地Y	303,473	125,615	429,088
計	384,210	191,778	575,988

次に，増分価値配分後の土地価格を求める。敷地X，敷地Yの単独利用の価格に，表8・14で求めた増分価値の配分額を加算して求める（表8・15）。表8・15の③が，各権利者が建築プロジェクトに提供する土地価格（出資額）を示す。

(3)　完成後の建物の立体的な土地価格

土地価格に基づいて権利変換する方法を採用するため，完成後の建物の各階の土地価格を求める。土地価格は表5・9⑪の評価額を用い，式（8・1）より，土地建物価格から建物価格を引いて求める（表8・16）。

(4)　土地価格による権利変換

表8・15で求めた敷地Xと敷地Yの増分価

第 3 節　建築プロデュース：演習 5（権利変換）　143

表 8・16　各階の土地価格

階	用途	① 土地建物 価格* （千円）	② 床面積 （m²）	③ 専用面積 （m²）	④＝③÷a 専用部分 負担床面積* （m²）	⑤＝④×b 建物価格* （千円）	⑥＝①－⑤ 土地価格* （千円）
塔屋	機械室		8.50	0.00			
8	事務室	86,193	96.50	77.00	99.23	29,769	56,424
7	事務室	86,193	96.50	77.00	99.23	29,769	56,424
6	事務室	86,193	96.50	77.00	99.23	29,769	56,424
5	事務室	86,193	96.50	77.00	99.23	29,769	56,424
4	事務室	86,193	96.50	77.00	99.23	29,769	56,424
3	事務室	86,193	96.50	77.00	99.23	29,769	56,424
2	店舗	99,452	96.50	77.00	99.23	29,769	69,683
1	店舗	135,828	95.00	70.00	90.21	27,063	108,765
地下 1	店舗	83,950	89.00	65.00	83.18	24,954	58,966
合計		836,388	868.00	674.00	868.00	260,400	575,988

注 1　a：賃貸有効率 ＝ Σ③ ÷ Σ② ＝ 77.6%　　注 2　b：建築単価 ＝ 300 千円/m²
＊有効数字の関係で，計算には誤差が生じる。合計がこれまでの計算と一致するよう，地下 1 階で調整している。

値配分後の土地価格と同額になるように，完成後の建物の各階の土地価格を取得する。敷地 X は 146,900 千円，敷地 Y は 429,088 千円であるので，この金額を各権利者の合計欄に記入する（表 8・17）。

　権利者 X は上階から，権利者 Y は下階から取得し，端数が生じる場合は調整階として，調整階の区分所有権を共有する。具体的には，権利者 X は**合計欄をオーバーしない範囲で 7 階と 8 階を取得**することができ，**残りの金額 34,053 千円で 6 階を取得**する。権利者 Y は同様に，**地下 1 階から 5 階までを取得**することができ，**残りの金額 22,371 千円で 6 階を取得**する。

　6 階が調整階となり，6 階の専有部分の区分所有権を，**34,053 千円：22,371 千円**（≒ 60.35：39.65）の**持分で共有**（区分所有権の共有）する。

　各権利者が，権利変換によって別途負担する建築費は，表 8・16 の⑤に示す建物価格である。調整階については，その階の建築価格を持分で負担する。

表 8・17　権利変換計画表

階	土地価格 （千円）	各権利者取得価格	
		権利者 X 取得価格 （千円）	権利者 Y 取得価格 （千円）
塔屋			
8	56,424	56,424	
7	56,424	56,424	
6	56,424	34,053	22,371
5	56,424		56,424
4	56,424		56,424
3	56,424		56,424
2	69,683		69,683
1	108,765		108,765
地下 1	58,966		58,966
合計	575,988	146,900	429,088

(5)　権利変換計画図

　表 8・17 で作成した権利変換計画表に基づいて，各権利者が取得する部分を図示すると図 8・3 のとおりである。権利変換計画を図示することで，取得する部分のイメージが容易となる。

144　第8章　権利変換計画を作成する

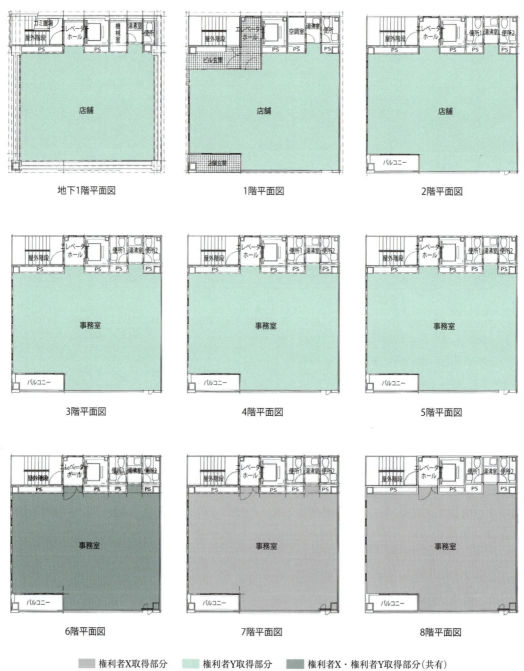

図8・3　権利変換計画図（各階の専有部分と取得者）

3・2 建築プロデュースのすすめ ～まとめ～

第1章第1節では，複数土地所有者が協力してビルを建てることの有用性は理解しつつ，完成するビルをどのようにもつことが経済的に公平で，また，法律的に適切なのかがわからなかった．図1・2で複数の方法を想定したが，基本原則4（権利と価格）より，いずれも問題をはらんでいることがわかった．

本書を通じて建築プロデュースを学んだ結果，図8・3が経済的・法律的に適切なビルの所有方法であることがわかった．図1・2の疑問に対し，その解答を示すと図8・4のとおりである．

図8・4は，建物を区分所有することを示している．建物を区分所有する場合の敷地利用権は所有権の共有が基本であるので，図8・4では，敷地は権利者Xと権利者Yが別々に所有していた土地を，ひとつの所有権にして二人で共有する方法を示している．持分は，表8・15の③に示す価格割合となる．

敷地を共有する方法に対して，「自分（だけ）の土地がなくなる」ことに違和感をもつ土地所有者がいる可能性がある．このような場合，土地の所有権と所有区分は従前のままとし，建物を建てるために敷地を利用する権利，すなわち，借地権を用いることで課題を解決できる．

借地権には地上権と土地賃借権があるが，賃借権は賃料を支払うことが要件である．共同ビルの権利変換では，相互に出資する土地の権利に対応する建物を取得しているので，「他人の土地を使うため」に賃料を支払う必要はない．いわば，形式的な借地権である．そこで，必ずしも地代を支払わなくともよい，地上権による借地権とする（図8・5）．

使用料を支払わないのであれば，使用貸借でも構わないが，使用借地権は権利として弱く，本件のような収益用建物を建てるための権利としては不向きといえる．

土地所有権を共有する図8・4でも，地上権（借地権）を準共有する図8・5でも建物部分の取得状況は同じである．

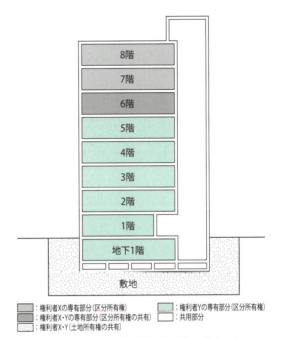

図8・4 権利の取得状況（土地所有権の共有）

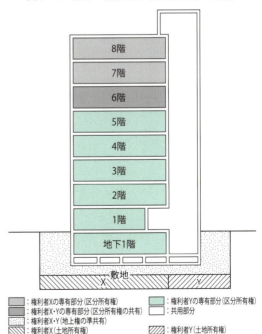

図8・5 権利の取得状況（地上権の準共有）

索　　引

あ

IPMT ································· 116
アセットマネジメント（AM）
 ···································· 76

い

いえかるて ······················· 51
遺産分割 ·························· 30
委託契約 ·························· 15
位置別効用比率 ·················· 7
一括競売 ·························· 12
一般定期借地権 ·················· 35
委任 ····························· 73
インカム・アプローチ ··········· 54
印紙税 ······················ 61, 110

う

請負 ····························· 73
請負契約 ···················· 15, 110
運用益 ···························· 95

え

永久還元式 ························ 99
営業保証金 ··················· 45, 47

お

屋外避難階段 ····················· 85

か

買換え ···························· 64
開業準備費用 ···················· 110
開業費 ··························· 109
階層別位置別効用積数 ············· 7
階層別位置別効用積数割合 ········· 7
階層別効用比率 ··················· 7
開発関連費 ······················ 109
開発負担金 ······················ 109
価格 ·························· 4, 22
価格の三面性 ····················· 53
価格の知識 ························ 4
価格割合 ·························· 141
隠れた瑕疵 ······················· 27
瑕疵担保責任 ····················· 27
課税台帳登録価格 ·················· 58
片寄せコア ······················· 80
借上げ方式 ······················· 74
借入金完済可能年 ················· 119
元金一括返済 ····················· 69

き

元金返済額 ····················· 116
元金均等返済 ····················· 68
管理 ····························· 22
管理委託方式 ····················· 74
管理規約 ····················· 19, 33
管理業務主任者 ················ 20, 75
元利均等返済 ········ 68, 112, 116
管理組合 ···················· 19, 33
管理者 ··························· 72
管理処分不適格財産 ·············· 65
管理能力 ························· 22

危険負担 ························· 28
基準容積率 ······················· 79
キャッシュフロー ················· 97
キャッシュフローの予測 ······ 123
共同ビル ·························· 2
共有 ···························· 136
共有物の分割 ····················· 24
共有持分割合 ····················· 24
共用部分 ····················· 26, 80
金銭消費貸借契約 ··········· 14, 110
均等配分 ························· 141
近隣対策費 ······················· 109

く

空間の権利 ························ 4
空間を利用する権利 ·············· 102
空中権 ··························· 102
区分所有権 ·············· 19, 25, 101
区分所有法 ······················· 75
区分地上権 ······················ 102
クーリング・オフ ················· 49

け

経営 ····························· 22
経営能力 ························· 21
経済価値 ························· 53
契約一時金 ······················· 93
契約管理業務 ····················· 74
契約の解除 ······················· 27
契約の終了 ······················· 33
競落額 ··························· 12
減価修正額 ······················· 54
減価償却費 ··················· 99, 114

こ

原価法 ······················· 53, 55
現在価値 ···················· 97, 123
建設業者 ························· 15
建築協定 ························· 32
建築経営 ························· 21
建築工事費 ·················· 109, 110
建築設計 ························· 15
建築設計監理費 ················· 110
建築設計事務所 ················· 15
建築プロジェクトの健全性 ··· 107
建築プロデュース ················· 3
建築プロデュースの４つの要件
 ···································· 4
建築プロデュースの幅 ··········· 6
権利 ·························· 4, 24
権利金 ··························· 94
権利の登記 ·············· 15, 16, 41
権利変換 ···················· 10, 134
権利変換計画図 ················· 143
権利割合 ························· 10

コアタイプ ······················· 80
コア部分 ························· 81
合意解除 ························· 48
工事監理 ························· 15
工事費相当額 ··················· 135
公示力 ··························· 41
更新のない借地権 ················· 35
更新料 ··························· 113
公信力 ··························· 41
公正競争規約 ····················· 51
公正証書 ························· 36
公正証書等の書面 ············ 36, 38
公租公課 ························· 109
公定歩合 ························· 68
購入限度額による配分 ········ 141
公法上の制限 ····················· 32
公法上の制約 ····················· 31
コスト・アプローチ ··········· 53
固定金利 ························· 68
固定資産税 ······················· 62
固定資産税評価額 ············ 58, 60

さ

債権 ……………………………… 42
債権者の負担 …………………… 28
財産価値 ………………………… 12
財産権 …………………………… 43
再調達原価 ……………………… 56
細分化された土地 ……………… 3
最優遇貸出金利 ………………… 68
サブリース ……………………… 74
残存価額 ………………………… 116

し

市街地再開発事業 ……………… 101
敷金 ……………………… 94, 113
敷地利用権 …………… 5, 12, 23
事業採算計画 …………………… 16
事業所税 ………………………… 61
事業スキーム …………………… 107
事業スケジュール ……………… 107
事業専従者控除 ………………… 63
事業用定期借地権 ……………… 36
資金ショート …………………… 119
資金調達 ………………………… 112
仕組み金融 ……………………… 71
自己資金の利回り ……………… 123
事実行為 ………………………… 72
自主管理方式 …………………… 74
市場価値 ………………………… 53
市場の慣行 ……………………… 93
自然人 …………………………… 62
実質賃料 ………………………… 95
指定容積率 ……………………… 78
私法上の制約 …………………… 31
私法上の制限 …………………… 38
司法書士 ……………… 15, 17, 41
借地権 ………… 6, 12, 31, 34
借地権者 ………………………… 6
借地権の対抗力 ………………… 42
借地権の出口 …………………… 13
借地借家法 ……………………… 33
借入期間 ………………………… 112
借家権 ………………… 31, 36
借家権の対抗力 ………………… 42
斜線制限 ………………………… 82
収益価格 ………………… 54, 98
収益還元法 …… 54, 55, 93, 103
重要事項の説明 …………… 15, 17

取得価額 …………………… 116

準委任 …………………………… 72
純収益 …………………………… 96
償却後利益 ……………………… 117
償却前利益 ……………………… 117
償却対象額 ……………………… 116
使用借権 ………………………… 39
使用貸借 ………………………… 43
譲渡所得金額 …………………… 63
消費者契約法 …………………… 51
消費税 …………………………… 61
消費貸借契約 …………………… 68
情報を開示 ……………………… 71
正味現在価値法 ………………… 128
剰余金平均額 …………………… 119
将来価値 ………………………… 97
初期投資額 ……………………… 112
所有 ……………………………… 22
所有権 …………………………… 41
所有権移転登記 ………… 15, 110
所有権保存登記 …… 17, 28, 110
所有者 …………………………… 72
申請義務 ………………………… 40

す

図面 ……………………………… 78

せ

税額 ……………………………… 64
税金 ……………………………… 22
清掃業務 ………………………… 74
税率 ……………………………… 63
積算価格 ………………… 53, 56
節税効果 ………………… 115, 117
絶対高さ制限 …………………… 82
接道規定 ………………………… 151
接道義務 ………………… 2, 32
設備管理業務 …………………… 74
善管注意義務 …………………… 72
センターコア …………………… 80
占有者 …………………………… 72
専有部分 ………………………… 25

そ

総額比による配分 ……………… 141
総合課税 ………………………… 62
造作買取請求権 ………………… 37
総収益 …………………………… 96
造成費 …………………………… 109

相続税 …………………………… 61

相続税路線価 …………… 59, 110
相続人 …………………… 29, 64
総費用 …………………………… 96
双務契約 ………………………… 28
贈与 ……………………………… 30
相隣関係 ………………………… 32
遡及型融資 ……………………… 70
測量費 …………………………… 109
損益通算 ………………………… 63
損害賠償請求 …………………… 27

た

第三者対抗力 …………………… 40
代襲相続 ………………………… 30
代理 ……………………………… 44
代理契約 ………………………… 19
代理権 …………………………… 73
宅地建物取引業 ………………… 44
宅地建物取引業者 ……… 14, 15
宅地建物取引業者の免許 ……… 15
宅地建物取引士 ………… 15, 45
宅地建物取引士証 ……………… 45
立退き費用 ……………………… 109
立退き料 ………………………… 38
建売分譲 ………………………… 18
建物 ……………………………… 4
建物買取請求権 ………………… 35
建物関連費 ……………………… 109
建物譲渡特約付借地権 ………… 36
建物所有権 ……………… 11, 101
建物登記簿 ……………………… 41
建物の区分所有等に関する法律
　……………… 19, 25, 75, 101
建物のライフサイクル ………… 22
建物分譲 ………………………… 18
単価比による配分 ……………… 140
短期プライムレート …………… 68
単独のビル ……………………… 3
単年度黒字転換年 ……………… 119
担保権 …………………………… 41

ち

地役権 …………………………… 38
地価公示 ………………………… 53
地価公示価格の70％ …… 59, 110
地価公示価格の80％ …… 59, 110
地下を利用する権利 …………… 102

索　引　149

ちぐはぐな景観 …………………… 2	土地家屋調査士 ………… 17, 41	物納 ……………………………… 65
地質調査費 …………………… 109	土地関連費 …………………… 109	不動産鑑定士 …………………… 16
地上権 ………………………… 12	土地購入費 ………… 109, 110	不動産鑑定評価 ……… 16, 53, 93
地代等増減請求権 ……………… 35	土地所有権 ………………… 5, 11	不動産取得税 ………… 61, 110
地盤改良費 …………………… 109	土地所有者 ……………………… 9	不動産証券化 …………………… 71
長期譲渡所得 …………………… 63	土地賃借権 ……………………… 12	不動産所有制度の例外 ………… 25
長期プライムレート …………… 68	土地登記簿 ……………………… 41	不動産登記 ……………………… 15
直接還元法 …………………… 99	土地の抵当権 …………………… 11	不動産の表示に関する公正競争
直接金融 ……………………… 70	土地分譲 ………………………… 18	規約 ………………………… 51
賃借人の義務 …………………… 33	土地面積比 …………………… 142	不動産を分譲 …………………… 44
賃貸管理業者 …………………… 15	取引 ……………………………… 22	フリーアクセスフロアー ……… 83
賃貸経営の利益 ……………… 123	取引事例比較法 ………… 54, 55	プロジェクトの価値 ………… 123
賃貸借 ………………………… 43	取引態様 ………………………… 44	プロジェクトファイナンス …… 70
賃貸借契約 ………………… 15, 38	**な**	プロパティマネジメント（PM）
賃貸住宅管理業者登録制度 …… 17	内部収益率法 ………………… 128	………………………………… 76
賃貸不動産経営管理士 …… 17, 76	**に**	プロパティマネージャー ……… 17
賃貸有効率 …………………… 86	二方向避難 …………………… 85	分譲マンション ……………… 101
賃料 ………………………… 44, 117	入居率 ………………… 116, 117	分離課税 ………………………… 62
て	任意的記載事項 ………………… 46	**へ**
定額法 ………………………… 116	**は**	返済期間 ……………………… 112
定期借地権 ………………… 13, 35	媒介 ……………………………… 44	変動金利 ………………………… 68
定期借家権 …………………… 38	媒介契約 ………………… 14, 15	変動率 ………………………… 117
定期建物賃貸借 ………………… 38	売却の利益 …………………… 123	**ほ**
DCF 法 …………………… 98, 125	売買契約 ………………… 14, 110	法人 ……………………………… 62
抵当権設定契約 ………………… 14	売買契約書 ……………………… 46	法人税 …………………………… 62
抵当権設定登記 ………… 20, 110	配分基準 ……………………… 140	法定相続人 ……………………… 64
定率法 ………………………… 116	**ひ**	法定相続分 ……………………… 29
ディベロッパー ………………… 9	PMT ………………………… 116	法定地上権 ……………………… 12
適切な権利割合 ………………… 4	引渡しの時期 …………………… 48	法律行為 ………………………… 72
手数料 ………………… 109, 110	比準価格 ………………………… 54	法令上の制限内 ………………… 32
デュー・ディリジェンス …… 27	非遡及型融資 …………………… 70	保守主義の原則 ……………… 117
と	必要的記載事項 ………………… 46	保証金 …………………………… 94
投下資本回収年 ……………… 119	必要費償還請求 ………………… 33	補正率表 ………………………… 60
等価で交換 ……………………… 9	避難上有効なバルコニー ……… 85	**ま**
登記 ………………………… 22, 40	PPMT ……………………… 116	マーケット・アプローチ ……… 54
登記できない権利 ……………… 41	表示の登記 ………………… 17, 40	マンション管理業者登録 ……… 20
登記できる権利 ………………… 41	ビル経営管理士 ………………… 17	マンションの管理の適正化の
登記の順番 ……………………… 12	**ふ**	推進に関する法律 ………… 75
登記の目的 …………………… 40	複数の所有権 ………………… 101	マンション管理士 ………… 20, 75
投資適否 ……………………… 123	複利現価率 ………… 97, 125	マンション分譲 ………………… 18
登録免許税 …………………… 110	複利年金現価率 ………………… 99	**み**
特別土地保有税 ………………… 61	複利終価率 …………………… 97	自ら …………………………… 44
特例容積率適用地区 ………… 102	負担調整措置 …………………… 62	民法 …………………………… 33
都市計画税 ……………………… 62	普通借地権 ……………………… 34	**む**
土壌汚染対策費用 …………… 109	普通借家権 ……………………… 36	無過失責任 ……………………… 27
土地 ……………………………… 4	物権 …………………………40, 42	

め

目隠し ……………………… 32
免許制 ……………………… 45
面積比による配分 ………… 140
面積表 ……………………… 78, 107

や

家賃 ………………………… 112
家賃増減請求権 ……………… 37
家賃の変動率 …………… 114, 116

ゆ

有益費償還請求 ……………… 33
有期還元式 …………………… 99

よ

用益権 ……………………… 41
容積率 ……………………… 78
容積率移転の対価 ………… 104
予備費 ……………………… 109

ら

ライフサイクルコスト ……… 71

り

利息返済額 ………………… 116
立証責任 …………………… 27
立体的な土地利用 ………… 138
立体道路制度 ……………… 102
利用 ………………………… 22

緑化協定 ……………………… 33
隣地の使用 …………………… 32

る

累積赤字解消年 …………… 119

れ

レバレッジ効果 ……… 69, 112, 124
連担建築物設計制度 ………… 102

ろ

路線価方式 …………………… 59
ローン利用特約解除 ………… 48

わ

割引キャッシュフロー法 …… 125

付録　用語解説

■接道義務
(関連箇所：p.2)

　都市計画区域，準都市計画区域内では，建築物の敷地は幅員4m以上道路に間口2m以上接しなければならない（建築基準法第42条，第43条）。接道規定ということもある。

　建築基準法の道路は，付表1のいずれかに該当するものである。

付表1　建築基準法の道路

42条1項道路 現況幅員4m （指定区域では6m） 以上のもの	1号	① 道路法による道路
	2号	② 都市計画法，③ 土地区画整理法，④ 旧住宅地造成事業に関する法律，⑤ 都市再開発法，⑥ 新都市基盤整備法，⑦ 大都市地域における住宅及び住宅地の供給の促進に関する特別措置法による道路
	3号	建築基準法第3章の規定が適用されるに至った際（都市計画区域に編入された際），現に存する道
	4号	上記①②③⑤⑥⑦の法律による新設または変更の事業計画のある「道路」で，2年以内に，その事業が執行予定のものとして特定行政庁が指定したもの（予定道路）
	5号	土地を建築物の敷地として利用するため築造する道路築造基準に適合する道で，特定行政庁から，その位置の指定を受けたもの（位置指定道路）
42条2項道路 現況幅員4m （指定区域では6m） 未満のもの		建築基準法第3章の規定が適用されるに至った際（都市計画区域に編入された際），現に建築物が立ち並んでいる幅員4m（指定区域では6m）未満の道で，特定行政庁の指定するものは建築基準法上，幅員4m（指定区域では6m）の道路とみなす（2項道路・みなし道路）

(※43条3項道路は省略)

■等価交換事業
(関連箇所：p.9)

　土地所有者が所有する土地を売って，その土地の上にディベロッパーが建築した建物を購入する事業手法。売却する土地の価格と購入する建物の価格が同額（等価）であることが基本である。

　一般に，購入した価格より高い価格で土地を売ると，利益（譲渡益）に対して課税され，実際に購入にまわせる金額は売却価格より少額になる。これに対して租税特別措置法の規定に該当して課税の繰り延べが認められる場合は，次回の売買等をするまでは課税が繰り延べられて当面は課税されないため，売却価格をそのまま購入に使うことができる。

　等価交換事業は，税法の例外にあたる租税特別措置法を利用した事業手法である。**交換**という用語は，同種（土地と土地，建物と建物）で同等（厳格には同額だが，2割までの差額は認められる）の入れ替えについて適用される。このため，土地を売って建物を買う行為は交換には該当しない。**等価交換**は，租税特別措置法の規定を利用することを前提に命名した実務上の造語である。

■借地・借家の用語　（関連箇所：p.6, p.31, p.43 ほか）

借地や借家についてはさまざまな法律や制度と関係があり，借地や借家にかかる権利や当事者の呼称はさまざまな表記が用いられる。表記に特別の意味がある場合もあるが，本書では，特記しないかぎり付表2の同一枠内の各用語には，同一の意味をもたせている。

付表2　借地・借家の用語

区分	権利の内容	権利の名称	契約の呼称	契約当事者	契約当事者の呼称
借地	土地を借りて建物を建てる	借地権 土地賃借権 地上権	借地契約 土地賃貸借契約 地上権設定契約	借り主	借地権者，借地人，土地賃借人，地上権者
				貸し主	借地権設定者，地主，土地賃貸人，地上権設定者，土地所有者，底地権者
借家	建物を借りて使う	借家権 建物賃借権	借家契約 建物賃貸借契約	借り主	借家権者，借家人，建物賃借人
				貸し主	家主，建物所有者，建物賃貸人

■延べ面積　（関連箇所：p.78 ほか）

建築物の各階またはその一部で，壁その他の区画の中心線で囲まれた部分の水平投影面積を床面積とし，建築物の各階の床面積の合計を延べ面積とする（建築基準法施行令第2条）。床状のものはあるが床面積に含まれない部分，床面積と延べ面積には含まれるが容積率を計算する場合の延べ面積には含まないものがあることに注意する。

なお，本書ではエレベーター昇降路を容積率に含めている。

付表3　床面積と延べ面積

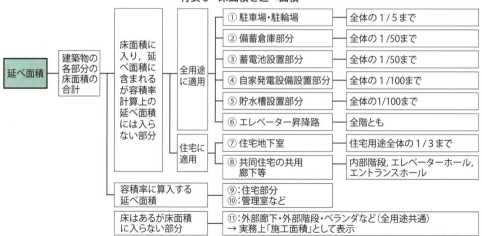

付録　用語解説　153

■基準容積率　　　　　　　　　　　　　　　　　　　　　（関連箇所：p.79 ほか）

建築基準法で採用する容積率をいう。前面道路幅員による容積率を考慮した後の容積率
(p.79) のほか，異なる2以上の指定容積率の区域にまたがる敷地について「加重平均」
して求めた容積率も基準容積率である。

■専有部分・専用部分　　　　　　　　　　　　　　　　　（関連箇所：p.80 ほか）

専有部分は，区分所有法が規定する用語である。区分所有権の対象となる部分で，特定
の者が所有することを意味する。

これに対して，**専用部分**は特定の者が（多くの場合，建物所有者から借りて）利用する
ことを意味する用語である。

賃貸用の建物の貸室部分は専用部分と表記することが適切で，専有部分と表記すること
は不適切である。これに対して専有部分は区分所有権に基づいて利用するので，専用部分
と表記することも間違いではない。もっとも，所有していることを明確にするため専有部
分と表示することが一般的である。

分譲マンションでは専有部分のほか，共用部分であるベランダに専用使用権を設定して
専用することが一般的で，この場合のベランダは専用部分である。分譲マンションで専用
面積を用いるとすると，ベランダ等の面積だけ専有面積より広くなることが一般的であ
る。

■複利現価率・複利年金現価率・年賦償還率の数値表　　　　（関連箇所：p.97 ほか）

複利現価率は，将来の1円の現在価値（期間：n 年，利率：r）を示す。言い換えると，
次のことである。

・n 年後の1円を割引率 r で割り引いて現在価値に換算した額

複利年金現価率は，将来にわたって毎年1円積み立てる場合の，積立金額の現在価値
（期間：n 年，利率：r）を示す。言い換えると，次のことである。

・毎年1円の収入が n 年間見込まれる場合の，将来収入の現在価値の合計

年賦償還率は，現在の1円を将来 n 年間にわたって，返済する場合の，1年間の返済額
（期間：n 年，利率：r）を示す。言い換えると，次のことである。複利年金現価率と年賦
償還率は逆数である。

・現在の1円の収入と等価となる n 年間の定期金収入

それぞれの数値は，以下の付表4のとおりである。

154　付録　用語解説

付表 4　数 値 表

・複利現価率　$\dfrac{1}{(1+r)^n}$

年	1%	2%	3%	4%	5%	6%	7%	8%	9%	10%
1	0.9901	0.9804	0.9709	0.9615	0.9524	0.9434	0.9346	0.9259	0.9174	0.9091
2	0.9803	0.9612	0.9426	0.9246	0.9070	0.8900	0.8734	0.8573	0.8417	0.8264
3	0.9706	0.9423	0.9151	0.8890	0.8638	0.8396	0.8163	0.7938	0.7722	0.7513
4	0.9610	0.9238	0.8885	0.8548	0.8227	0.7921	0.7629	0.7350	0.7084	0.6830
5	0.9515	0.9057	0.8626	0.8219	0.7835	0.7473	0.7130	0.6806	0.6499	0.6209
6	0.9420	0.8880	0.8375	0.7903	0.7462	0.7050	0.6663	0.6302	0.5963	0.5645
7	0.9327	0.8706	0.8131	0.7599	0.7107	0.6651	0.6227	0.5835	0.5470	0.5132
8	0.9235	0.8535	0.7894	0.7307	0.6768	0.6274	0.5820	0.5403	0.5019	0.4665
9	0.9143	0.8368	0.7664	0.7026	0.6446	0.5919	0.5439	0.5002	0.4604	0.4241
10	0.9053	0.8203	0.7441	0.6756	0.6139	0.5584	0.5083	0.4632	0.4224	0.3855

・複利年金現価率　$\dfrac{(1+r)^n-1}{r(1+r)^n}$

年	1%	2%	3%	4%	5%	6%	7%	8%	9%	10%
1	0.9901	0.9804	0.9709	0.9615	0.9524	0.9434	0.9346	0.9259	0.9174	0.9091
2	1.9704	1.9416	1.9135	1.8861	1.8594	1.8334	1.8080	1.7833	1.7591	1.7355
3	2.9410	2.8839	2.8286	2.7751	2.7232	2.6730	2.6243	2.5771	2.5313	2.4869
4	3.9020	3.8077	3.7171	3.6299	3.5460	3.4651	3.3872	3.3121	3.2397	3.1699
5	4.8534	4.7135	4.5797	4.4518	4.3295	4.2124	4.1002	3.9927	3.8897	3.7908
6	5.7955	5.6014	5.4172	5.2421	5.0757	4.9173	4.7665	4.6229	4.4859	4.3553
7	6.7282	6.4720	6.2303	6.0021	5.7864	5.5824	5.3893	5.2064	5.0330	4.8684
8	7.6517	7.3255	7.0197	6.7327	6.4632	6.2098	5.9713	5.7466	5.5348	5.3349
9	8.5660	8.1622	7.7861	7.4353	7.1078	6.8017	6.5152	6.2469	5.9952	5.7590
10	9.4713	8.9826	8.5302	8.1109	7.7217	7.3601	7.0236	6.7101	6.4177	6.1446

・年賦償還率　$\dfrac{r(1+r)^n}{(1+r)^n-1}$

年	1%	2%	3%	4%	5%	6%	7%	8%	9%	10%
1	1.0100	1.0200	1.0300	1.0400	1.0500	1.0600	1.0700	1.0800	1.0900	1.1000
2	0.5075	0.5150	0.5226	0.5302	0.5378	0.5454	0.5531	0.5608	0.5685	0.5762
3	0.3400	0.3468	0.3535	0.3603	0.3672	0.3741	0.3811	0.3880	0.3951	0.4021
4	0.2563	0.2626	0.2690	0.2755	0.2820	0.2886	0.2952	0.3019	0.3087	0.3155
5	0.2060	0.2122	0.2184	0.2246	0.2310	0.2374	0.2439	0.2505	0.2571	0.2638
6	0.1725	0.1785	0.1846	0.1908	0.1970	0.2034	0.2098	0.2163	0.2229	0.2296
7	0.1486	0.1545	0.1605	0.1666	0.1728	0.1791	0.1856	0.1921	0.1987	0.2054
8	0.1307	0.1365	0.1425	0.1485	0.1547	0.1610	0.1675	0.1740	0.1807	0.1874
9	0.1167	0.1225	0.1284	0.1345	0.1407	0.1470	0.1535	0.1601	0.1668	0.1736
10	0.1056	0.1113	0.1172	0.1233	0.1295	0.1359	0.1424	0.1490	0.1558	0.1627

　なお，元利金等返済は年賦償還率によって求める。関数 PMT は年賦償還率を計算したものである。

あとがき　建築プロデュース の出版にあたって

　本書は，つなぐ本です。建築の "まえ" と "あと" をつないでいます。

　建築の分野では，建築に必要な土地や資金を備えもつ建築主がいることを起点として，建築を設計し，施工します。

　これに対して本書では，建築の "まえ" に必要な土地を入手すること，わけても土地を生み出すことや資金を調達する仕組みなどを示しました。建築の "あと" とは，建築物が完成してから寿命をまっとうするまでに，生じることが予想される事象とその対応に必要な知識です。

　建築と不動産をつないでいます。不動産の分野は，開発，流通，管理，経営，金融，投資などの業態が並存しています。これらの業態のいずれにおいても，建築の知識と技術が必要不可欠であることを示しました。

　建築（もの）と法律（ひと）と経済（かね）をつないでいます。建築は "ひと" によって所有され利用されます。そこには多数の主体が関係し，権利や義務を分担します。建築には "ひと" の権利や義務を規律する法律知識が必要となります。加えて，建築は "かね" によって可能となり規定されます。そこには多くの判断材料があり，リスクとリターンが錯綜します。建築には "かね" のリスクとリターンにかかわる経済知識が必要となります。

　要するに，本書はフローとストックをつなぐことを目指しましたが，単なる不動産の本にはしたくありませんでした。ストックたりえるフローを提案することを重視し，付加価値を生み出す土地利用にこだわりました。共同ビルの権利変換計画がそれです。

　共同ビルは，付加価値を生み出す半面，建築が内包する時間，空間，人間の要素が輻輳します。建築，法律，経済の知見を統合して，付加価値を創出し実現する方法を理論的に構築する，本書のタイトル「建築プロデュース」には，そんな想いが込められています。

　価値を維持するために，建築を熱く見守ることが求められますが，建築に熱い想いを注ぐことは，建築の分野では当然で習性でもあります。この習性のもち主が活躍のフィールドを拡大し，建築の寿命全体をカバーすれば，真のストック時代が実現できます。本書がそのきっかけになればと願っています。

　フローとストックのつなぎ方にはさまざまな方法が考えられ，本書の構成や表現方法についていくつものパターンを試みては仕切り直しました。そのため，市ヶ谷出版社には随分と迷惑をかけました。辛抱強く見守り，適時適切な指導によって出版を実現してくださった，澤崎明治社長には感謝のしようもありません。また工学院大学名誉教授吉田倬郎先生と編修の吉田重行さんには数々のアドバイスと目配りをいただきました。本書刊行にあたり，心からお礼申し上げます。

　令和元年９月　　　　　　　　　　　　　　　　　　　　　　　　　　　　　中城康彦

[著者]

中城康彦（Yasuhiko NAKAJO）
- 1977年　名古屋工業大学建築学科卒業
- 1979年　名古屋工業大学大学院工学研究科建築学専攻修士課程修了
　　　　　福手健夫建築都市計画事務所，（財）日本不動産研究所，Varnz America Inc.，（株）スペースフロンティア 代表取締役
- 2004年　ケンブリッジ大学土地経済学部客員研究員（〜2005年）
- 現　在　明海大学不動産学部 教授，博士（工学）

建築プロデュース　―土地・建物・権利・価値を総合的に考える―

2019年10月4日　初版発行
2023年4月25日　初版第3刷

著　者　中城　康彦
発行者　澤崎　明治

企画・編修　澤崎明治　　DTP・トレース　丸山図芸社
編　　修　吉田重行　　印刷・製本　大日本法令印刷
装幀・デザイン　加藤三喜

発行所　株式会社　市ヶ谷出版社
　　　　東京都千代田区五番町5（〒102-0076）
　　　　電話　03-3265-3711（代）
　　　　FAX　03-3265-4008
　　　　ホームページ　http://www.ichigayashuppan.co.jp

©2019 Ichigayashuppan　　　　　ISBN 978-4-87071-149-5

市ケ谷出版社の関連図書

日本初の診断技術・インスペクションのテキスト

野城智也・安孫子義彦
馬郡文平 著
B5判・184頁・本体3,300円
ISBN978-4-87071-129-7

土地・建物・権利・価値を総合的に考える

中城康彦 著
B5判・168頁・本体2,800円
ISBN978-4-87071-149-5

概要を理解し，具体的な施工図の描き方

中澤明夫 ほか著
A4判・120頁・本体3,000円
ISBN978-4-87071-020-7

積算の役割と業務を典型的な建物の設計実例で紹介

佐藤隆良・田村誠邦 著
B5判・184頁・本体3,000円
ISBN978-4-87071-157-0